EVALUAR, ¿PARA QUÉ?

M.ª ANTONIA CASANOVA

EVALUAR, ¿PARA QUÉ?

editorial
LA MURALLA, S. A.

COLECCIÓN
Aula abierta
Dirección: M.ª Antonia Casanova

© Editorial Arco/Libros-La Muralla, S. L., 2025
Constancia, 33 - 28002 Madrid
ISBN: 978-84-7133-957-7
Depósito Legal: M-4.433-2025
Imprime: Tórculo Comunicación Gráfica, S. A. (Santiago de Compostela)

ÍNDICE

PRESENTACIÓN

Estamos ante una recopilación de artículos publicados desde el año 2010 hasta el momento actual[1], todos en torno a la evaluación educativa, como eje de la educación en un sistema que gira en torno a su conceptualización. Creo que es un pensamiento compartido que los procesos de aprendizaje y de enseñanza se encuentran condicionados por el planteamiento que se realice de la evaluación, ya que parece más importante la calificación final obtenida que la consecución real del aprendizaje necesario para desarrollarse personal y socialmente, y previsto por los sistemas institucionales acordados democráticamente. En resumen, el modelo de evaluación que se regule legalmente y que, en consecuencia, concrete después la escuela o el docente influirá decisivamente en la forma de actuar en las aulas. En todos los casos, el objetivo final que se persiga implicará un modo de implementación de los procesos que deben conducir a ese final deseado.

En el momento actual parece que, al menos teóricamente, está superada la idea de que el sistema tiene que contribuir al "almacenamiento" de conocimientos de forma memorística, aunque no se comprendan. La utilización habitual y muy generalizada de las tecnologías de la información y la comunicación ponen al alcance de la población cualquier conocimiento que precise en cuestión de segundos. Por ello, los avances de la ciencia, las humanidades, la tecnología, la neurociencia, la psicología, la pedagogía y, cómo no, la inteligencia artificial, deben incidir en la innovación educativa si se quiere que los estudiantes de ahora terminen sus etapas educativas preparados para la sociedad en la que vivimos.

---

[1] Se presentan ordenados por fecha de publicación, desde los más antiguos hasta el momento actual, para permitir comprobar la evolución de las situaciones que se han ido presentando en la aplicación de los conceptos y normas legales aparecidos durante este tiempo. Algunos son inéditos y escritos para esta obra.

De forma muy directa, la realidad social tiene que considerarse en el momento de plantear el sistema educativo y, más en concreto, en su modelo de evaluación. Si la meta consiste en demostrar la acumulación de conocimientos, la evaluación debe consistir en comprobar la cantidad de conocimientos memorizados y, en consecuencia, el desarrollo de la enseñanza en el aula se basará en el estudio libresco y la exposición magistral por parte del docente, de manera que el alumnado vaya conservando esos conceptos que se intentan transmitir, aunque no se demuestre que el supuesto aprendizaje repercutirá en la conducta y en la posibilidad de aplicación a la vida o al trabajo. En este modelo, se aplica un examen casi como único procedimiento de evaluación, que, habitualmente, tiene poca funcionalidad, dado que lo memorizado suele olvidarse después de cumplir su cometido, que es aprobar ese examen y aprobar las asignaturas establecidas curricularmente.

Pero si entendemos la educación como un proceso eminentemente complejo, que no se consigue solo memorizando conceptos, sino adquiriendo unas actitudes y valores positivos para la persona y la sociedad, y alcanzando competencias para la convivencia, el aprendizaje permanente en todos los campos, la relación con el entorno, el trabajo cooperativo, etc., la evaluación debe disponer de otras técnicas y otros instrumentos para ir catalizando este proceso, de forma que sea posible mejorar las disfunciones o dificultades que se produzcan y reforzar todo lo positivo que aparezca.

Este planteamiento, que resulta claro y aceptado desde un enfoque pedagógico y que es absolutamente lógico, suele no entenderse a la hora de llevar a cabo las programaciones didácticas, puesto que el examen sigue permaneciendo en el sistema como si fuera el único procedimiento de obtener información válida para evaluar los aprendizajes. Y todos sabemos que una prueba escrita y puntual valora lo que puede, que quizá no sea lo más importante de la educación; valora los conocimientos o conceptos —en el mejor de los casos—, pero es difícil que evalúe las actitudes y valores del alumnado, los procedimientos de trabajo y, desde luego, en ningún caso las competencias adquiridas a lo largo del curso o de los años de educación, que, en definitiva, suponen la aplicación práctica del conocimiento. Si no se alcanzan competencias como desarrollo de las capacidades singulares de la persona, el sistema habrá desaprovechado la oportunidad de "educar" en su más amplio y profundo sentido de la palabra. Educar es más que instruir. Es formar personas en todo su ser: afectividad, sociabilidad, sensibilidad, conocimiento, profesionalidad…, ámbitos educables y en los que no se actúa por separado, sino que constituyen un todo global, holístico, que se trabajará desde el nacimiento hasta los últimos días de vida.

La evaluación es un elemento curricular que condiciona, como antes afirmo, todos los procesos de formación, tanto en lo relacionado con la instrucción como con el desarrollo de capacidades individuales. Por eso, es muy importante "acertar" en la selección del modelo evaluador, porque de esa decisión dependerá la conformación del sistema a lo largo de las diferentes etapas educativas.

Es hora ya de aplicar lo que sabemos a la práctica en las aulas. Son muchos los años transcurridos desde que la legislación establece la evaluación continua y con carácter formativo en nuestros países. En España, concretamente, desde la Ley General de Educación de 1970. Es decir, hace 55 años… Y seguimos examinando, aunque hay que reconocer que se ha avanzado significativamente en la implantación del modelo de evaluación que proponemos.

Reformar la evaluación para reformar la enseñanza es una afirmación que sigue vigente. En lo que no modifiquemos las prácticas evaluadoras en las aulas, no cambiará nada realmente importante en los enfoques educativos.

No quiero terminar este primer comentario sin recordar que la coherencia interna del diseño curricular implica que los cambios en evaluación deben corresponderse con cambios imprescindibles en las estrategias metodológicas utilizadas en el aula, pues, de lo contrario, no se podrá poner en práctica el modelo evaluador −eminentemente formativo− que se pretende. Para observar y disponer de datos sobre cómo un estudiante respeta un turno de palabras, realiza una exposición oral, lleva a cabo una búsqueda de bibliografía, conserva un pequeño huerto, etc., hay que proponer e implementar estas acciones en el aula. Es decir, hay que plantear coherentemente la programación del curso y de la etapa completa.

Pasando a otras consideraciones que influyen en la importancia y la necesidad de contar con un modelo de evaluación apropiado a los fines educativos que perseguimos, debemos ser conscientes de las singularidades que presenta nuestra sociedad, frente a épocas anteriores o, al menos, que se plantean de modo más evidente e inmediato.

La celeridad de los cambios, los avances en tecnología, ciencia, humanidades, neurociencia, psicología, etc., el sistema democrático como modelo de convivencia, la movilidad de la población, la enorme cantidad de conocimiento acumulado por la humanidad y una larga enumeración de características que podríamos seguir apuntando, hacen de nuestro vivir habitual un algo incierto, fluido, inestable… Digamos que frente a una sociedad estable, sólida, con principios asentados, ahora nos encontramos ante enfoques posmodernos, digitalizados, relativistas, que nos hacen perder pie en la realidad diaria. Unas reflexiones que ya proponían pensadores de prestigio nos ponen en antecedentes de lo que vivimos en la actualidad. Bauman[2] afirma que nada se fija en el espacio ni en el tiempo, que todo fluye: el líquido se convierte en una metáfora de la vida. Morin[3], por su parte, afirma que: "Navegamos en un océano de incertidumbres a través de archipiélagos de certeza [...]. Hay que enseñar principios de estrategia que permitan hacer frente a los riesgos, lo inesperado y lo incierto". Añadimos a esta situación real alguna de las reflexiones del filósofo surcoreano Byung-Chul Han[4], más actuales y que incorporan elementos no tomados en cuenta por los autores anteriores. Nos comenta Han que el orden terreno está sustituido por el digital, desnaturalizando las cosas y convirtiéndolas en informaciones. Este razonamiento nos lleva a la transición de la era de las cosas hacia la era de las no-cosas, que dominan y determinan el mundo en que vivimos. Ahí estamos.

En este sentido, Christopher Willard (académico de Harvard), en una conferencia impartida en Chile, anuncia que las escuelas de élite volverán al lápiz y al papel y eliminarán los computadores, pues entiende que: "Nuestra vida social debe ser una dieta equilibrada que incluya redes sociales, pero también contactos en persona en la vida real"[5]. Al fin, seguiremos debatiendo.

---

[2] Bauman, Z. (2010). *Los retos de la educación ante la modernidad líquida*. Gedisa.

[3] Morin, E. (1999). *Los siete saberes necesarios para la educación del futuro*. UNESCO.

[4] Han, B-Ch. (2021). *No-Cosas. Quiebras del mundo de hoy*. Taurus.

[5] Pobleti, M. (2023). Entrevista en *Las últimas noticias*, 2 de mayo.

Si confirmamos que estas realidades nos rodean y conforman nuestro contexto vital, evidentemente la educación precisa de un cambio profundo y radical con objeto de preparar a las personas para su desenvolvimiento satisfactorio, tanto a nivel individual como social. La educación debe lograr especialistas en ser personas, como demanda la vida y especialistas profesionales, como demanda la sociedad. Y si hablamos de educación, estamos hablando también de evaluación.

No es posible mantener un modelo memorístico y repetitivo. Hay que pasar a formar personas capaces de tomar iniciativas propias, de asumir riesgos, de decidir ante situaciones complejas o extremas, de aprender permanentemente, de colaborar con sus conciudadanos, de respetar y enriquecerse con las diferencias, de emprender proyectos sugerentes… Y esto no se consigue con modelos obsoletos y superados en educación y, mucho menos, en evaluación. Es imprescindible adoptar medidas valientes y decididas para avanzar en nuevas opciones que respondan a las exigencias presentes y de futuro.

En las páginas que siguen se abordan temas relacionados con la evaluación, su concepto y las diferentes problemáticas que se presentan en función de momentos de nuevas regulaciones legales, de acontecimientos inesperados (pandemia, confinamiento), de reflexión acerca de su papel para la actualización del profesorado, de la importancia que tiene como guía para la enseñanza, de las características que debe adoptar para atender a la diversidad del alumnado… En definitiva, son veintinueve comentarios que tratan aspectos de la evaluación que podrán ayudar a reflexionar sobre la posición que mantenemos ante la necesidad de modificar nuestras conductas en las aulas, a debatirlas con nuestros estudiantes, a comentarlas con los colegas. Me parece importante crear un ambiente de reflexión en torno a un factor de calidad sistémica como es la evaluación, en este caso de los aprendizajes, aunque, como es evidente, se podría extender a la evaluación institucional para avanzar también en la mejora de las escuelas como generadoras de cambio.

Con esta intención, el primer comentario –que da nombre al título del libro– comienza preguntando para qué evaluar en el sistema educativo, tema que también aborda el último, en el que se desarrolla este primer planteamiento de modo más riguroso, entrando en

cuestiones relacionadas con los orígenes de la evaluación y las consecuencias que todavía permanecen sin superar, aunque ya tenemos
conocimientos suficientes como para poder modificarlas sin miedo y
con garantías de mejora en el conjunto de la educación.

Espero contribuir a ello con estos textos, elaborados y publicados
en los últimos años y que considero siguen constituyendo nuestra
actualidad educativa.

M.ª ANTONIA CASANOVA
Madrid, enero de 2025

EVALUAR, ¿PARA QUÉ?

Ahora que tan de moda se ha puesto la evaluación y que se evalúa todo permanentemente en el sistema educativo, eso sí, desde fuera, y muchas veces casi sin tener nada posible que evaluar por la casi
inexistencia de un sistema verdaderamente estructurado y en el que
se haya producido algún cambio que justifique la nueva evaluación
(resulta increíble cómo determinados países entran en evaluaciones
internacionales, cuando su realidad es tan "incomparable" con el
resto de los participantes), cabe preguntarse seriamente para qué se
utiliza esta evaluación en los procesos de educación del alumnado.

Creo que se está sometiendo a los Centros (siempre a través de
sus alumnos) a múltiples pruebas externas, nacionales e internacionales, que contradicen, en muchos casos, la filosofía de la evaluación
continua y de carácter formativo impulsada desde hace años, con
objeto de mejorar tanto los aprendizajes y las prácticas docentes,
como el funcionamiento de la propia institución. Pero es esta una
evaluación esencialmente interna y directa, que permite decidir para
avanzar de inmediato, lo cual es difícil de encajar con los resultados
de pruebas externas que no toman en cuenta la realidad de la que
parte el Centro, es decir, que no compara el progreso de un alumnado determinado consigo mismo al cabo de un tiempo, sino que lo
hace competir con no se sabe qué media de qué países (o del propio
país), que tienen poco que ver con los contextos y los niños de un
colegio concreto.

Este reciente planteamiento evaluador está llevando, entre otras
consecuencias, a efectos colaterales perniciosos para el sistema, aun
cuando no fuera esa su intención inicial. Se están produciendo cambios en el currículum que lo empobrecen considerablemente, pues
el profesorado se limita a preparar a los alumnos para superar un
modelo de prueba determinado y no a que aprendan ampliamente
y alcancen las competencias previstas en los actuales currículos ofi-

ciales (por ejemplo, aprenden a hacer dictados, pero no a expresarse correctamente). Es decir, que estamos regresando a aquellos olvidados planteamientos de la enseñanza programada, muy criticada, por cierto, que yo pensaba ya superados, pero no, pues vuelven con especial virulencia para lograr "el éxito" de la escuela en el "ranking" comunitario, nacional o internacional. Los estándares establecidos están sustituyendo a los currículos prescritos. Y desvirtuando, sobre todo, los modelos metodológicos y evaluativos válidos y valiosos para la formación competencial del alumnado.

Pero, además, nos encontramos con otra práctica habitual. Cuando en un grupo hay alumnos inmigrantes recién incorporados al sistema, o alumnos con necesidades educativas especiales, y se anuncia la fecha en que se aplica la prueba estándar, pueden suceder dos cosas: que se les diga directamente que ese día no aparezcan por el Centro, o que los niños se pasen una mañana con un papel delante sin saber qué hacer con él. Ambas alternativas me parecen impresentables en un sistema educativo que pretenda formar de verdad y no solo mantener una imagen excelente, pero que no responde en absoluto a la realidad. Es poco serio. Porque, además, a esos alumnos que desaparecen estratégicamente también hay que evaluarlos. Pero de otro modo, claro.

Por otro lado, un maestro o un profesor que se esfuerza en trabajar bien, con el que el alumnado progresa y aprende…, se encuentra ante la disyuntiva de cambiar su actuación docente para dar gusto a la galería o de continuar con su línea pedagógica, fundamentada y eficaz. El dilema está servido. Pero no es fácil resolverlo, cuando los requerimientos de la dirección y de las familias, impulsadas por las Administraciones y los medios de comunicación, le están incitando y obligando a realizar determinadas prácticas que hacen retroceder la educación, aunque socialmente se vean como positivas por buenos resultados de "marketing".

¿No debe realizarse, entonces, evaluación externa en los sistemas educativos? Por supuesto que sí. Pero no como una competición ni una carrera en la que solo cuentan los resultados de los alumnos brillantes, porque no se aprende en la meta, sino en el camino ("pide que tu camino sea largo / rico en experiencias, en conocimiento…", como nos dice Kavafis). La evaluación debe servir para mejorar la educación y esto se consigue progresando durante los procesos de enseñanza y aprendizaje. Cualquier evaluación, por ello, debe contribuir a esa mejora y a ese progreso, como cualquier otro elemento del currículum. Y esa evaluación puede y debe ser externa e interna, en lo que se refiere al Centro, de manera que se puedan contrastar los datos obtenidos en ambas. Dentro de la interna, además, se debería considerar como fundamental el modelo de valoración de los aprendizajes, de modo que se integre totalmente en los procesos y que constituya un factor de avance en la calidad de los mismos y, por supuesto, *de todos los alumnos*. Atender a la diversidad del alumnado exige aplicar un modelo de evaluación personalizado e inclusivo, que apoye el aprendizaje de cada niño, no que segregue y deje fuera del sistema a los que más refuerzo requieren.

Si el modelo de futuro es la escuela inclusiva, la evaluación debe favorecer la inclusión, no utilizándola para clasificar, seleccionar o suspender, sino para apoyar, adaptar, integrar y orientar; en una palabra, para educar.

Madrid, 14 de enero de 2010

EVALUAR LA INCLUSIÓN

Lo primero que tengo que decir es que espero que no se perciba como contradicción el texto que sigue, en relación con las afirmaciones que he venido haciendo, en el mismo sentido, a lo largo del curso. Recapitulando, confirmo que las evaluaciones externas condicionan los procesos de aprendizaje que se producen en los centros educativos. Por ello, es muy importante que estén bien elaboradas, que los aprendizajes que se evalúen sean realmente significativos para la persona, dentro de las limitaciones que siempre va a tener esa evaluación: una respuesta escrita describe lo que puede, que casi nunca es lo más importante de la educación.

Después de esta afirmación, me decanto, sin duda, por la validez que posee la evaluación de procesos y de resultados que puede realizar el profesor con cada uno de sus alumnos, y por la que debe realizar el centro, internamente, sobre su modo de funcionamiento general, de manera que se tomen decisiones inmediatas para superar las disfunciones que surjan y para reforzar todo lo positivo (que es mucho) que aparece en el transcurrir diario del quehacer educativo. Esta es la evaluación realmente válida, la que orienta y la que nos dice cómo va avanzando cada estudiante. Eso nos permite ajustar las formas de enseñar a las de aprender y, en definitiva, adecuar el sistema a las características personales de cada estudiante.

Pero vamos a la realidad que en estos momentos vivimos, que se traduce en la percepción de recibir una avalancha de evaluaciones externas, autonómicas, nacionales e internacionales, en las que cada una solicita aprendizajes o competencias diferentes y a las que tenemos que dar gusto, si no queremos que nuestro centro quede el último en el ránking de calidad (?). Los que me hayan ido leyendo ya saben lo que pienso de estas políticas, sobre todo cuando la evaluación de un centro se lleva a cabo solo mediante el control de algunas adquisiciones simplistas de su alumnado. Sigamos. Nuestro modelo de escuela es inclusivo, y apuesta por continuar siéndolo, en el entendimiento de que es el mejor para el futuro personal y social de todos nosotros. Y que, además, ofrece calidad real de educación para la vida entera. Esto significa que en la escuela hay alumnos con diferencias de intereses, de origen social, de lengua, de capacidad, de cultura, etc. Además, algunos acaban de llegar a nuestro sistema, es decir, que están aprendiendo español, adaptándose a nuevos amigos, a nuevas costumbres… Y llega la evaluación externa y cuando el centro no quiere "bajar de puesto en el ránking", elimina a esos alumnos de la evaluación, esos alumnos no participan en ella. Unas veces, de forma autorizada legalmente (es decir, por orden de la Administración), y otras sin que nadie se entere.

Esta situación implica que el avance de este alumnado no lo evalúa nadie externamente, no se tiene en cuenta para valorar los resultados del centro en su globalidad. Y eso me parece injusto y sesgado en su planteamiento. Si muchos centros y buena parte de la sociedad lo que valoran es ese resultado de la evaluación externa, y los alumnos un poco más diferentes quedan excluidos de la misma, a nadie le va a importar especialmente que aprendan más o menos, que avancen en función de sus posibilidades o…, como quieran y puedan, dado que esto no va a repercutir en la "imagen" de la institución. O sea, no se va a valorar la educación de todo el alumnado, sino solo del que debe dar, en principio, respuestas apropiadas a la evaluación que llega.

Desde ese punto de vista, yo quiero que se evalúe externamente la inclusión, para que esos alumnos y alumnas no queden librados a la buena voluntad de unos pocos y se dé la circunstancia de que no lleguen adonde pueden, porque sus resultados no cuentan socialmente. Este alumnado también debe alcanzar excelentes resultados, si bien considerando su punto de partida y respondiendo a pruebas específicas en función de la meta a la que puede y debe llegar. Como es obvio, no es una evaluación en la que se pase idéntica prueba para todos, pero sí se pueden realizar bloques de pruebas que sean aplicadas convenientemente en los distintos centros. Y que esos resultados pasen a englobar la valoración total de la escuela. Y que sean un plus de calidad para la misma, incrementando la puntuación media obtenida. Que todo el mundo conozca y reconozca el trabajo excelente que se lleva a cabo. En muchas ocasiones, conseguir buenos resultados tiene poco mérito, según los alumnos que se tengan. El mérito está en conseguir logros equivalentes con estudiantes que se encuentran en situaciones de desventaja…, y que, sin embargo, alcanzan las competencias previstas.

Comenzaba diciendo que no me quería contradecir, y espero que sean conjugables ambas posturas. Si la realidad social nos tiene inmersos en estos avatares evaluativos, evaluemos todo, porque lo que dejemos al margen no se tomará en cuenta, no importará atenderlo o no. Y ese es un riesgo claro que veo en los planteamientos actuales. Que aboguemos por la escuela inclusiva y dejemos fuera de nuestros intereses los rasgos importantes de esa inclusión, sería una incoherencia que llevaría a desprestigiar el modelo elegido y a segregar educativa, cultural y socialmente al alumnado que, en aras de una mejor formación, estamos acogiendo en estas escuelas.

Madrid, 13 de mayo de 2010

INFORME PISA:
1.º, FINLANDIA; 2.º, ESPAÑA

Parece que es el momento de hablar del Informe PISA. Acaban de aparecer los resultados de la aplicación de sus pruebas en el 2009 y, de nuevo, comienzan las elucubraciones sobre si aprobamos o suspendemos como país y de lo mal que estamos gracias a una u otra ley que, en definitiva, hay que reconocerlo, casi nunca se aplica como está pensada. No suele llegar al aula la innovación pretendida, por lo que es realmente increíble que algunos se atrevan a achacar a las leyes los éxitos o los fracasos del sistema. En fin…, algo tienen que ver, pero creo que a muchos profesores les pasan las leyes, una tras otra, y ellos siguen inamovibles, porque hacen lo que ha resultado bien "toda la vida", a pesar de que esa "vida" sea diametralmente opuesta a la que ellos conocieron en su infancia.

Como bien dicen los expertos, PISA ni aprueba ni suspende, sino que ofrece una información detallada a cada país, para que este la maneje en aras de la mejora de su sistema educativo. Y hay que saber interpretar esa información, esa cifra que se asigna a un sistema en los distintos aspectos que se valoran, pues de lo contrario no es posible aprovechar esos ricos y numerosos datos. Solo sirven para despotricar sin sentido. No voy a entrar en tales interpretaciones, porque en este periódico y en esta misma página ya han aparecido correctos comentarios para el que quiera entender.

Además, lo que quiero resaltar es que PISA no solo ofrece un número en resultados escolares de lectura, matemáticas o ciencias, sino que vuelca una información valiosísima, más cualitativa, relacionada con los puntos en los que el sistema funciona mejor o peor, y marca los aspectos en los que se puede mejorar y en los que se debe mantener y reforzar por su buena estructura y resultados. Otra vez hay que incidir en que la evaluación no sirve únicamente para resaltar lo "malo", sino que es interesante más para destacar lo "bueno", no perderlo y procurar extenderlo a otras áreas sistémicas.

¿Qué me interesa destacar? Que en los elementos relacionados con equidad educativa, España es el segundo país mejor valorado, después de Finlandia, en el contexto europeo. ¿Qué significa esta afirmación? Que el éxito educativo de un estudiante es independiente del entorno social, económico y cultural de su familia y su centro. Se comprueba en que la diferencia de resultados entre los centros es pequeña (19,5 puntos, lo que supone diferencia, pero no significativa; en otros países, esta cifra llega al 40%), lo cual implica que, en España, sea cual fuere el centro donde se eduque un niño, no será un hecho decisivo para su formación. Además, la inmensa mayoría del alumnado se encuentra en un bloque de resultados aceptable, mientras que hay pocos en la franja inferior y pocos en franjas superiores, lo que ya no resulta tan positivo. Esto supone que el sistema sirve para promover a la población, especialmente a la desfavorecida social o personalmente, es un "plus" de calidad para la sociedad y una garantía de oportunidades vitales. Si bien tendríamos que esmerarnos en que llegaran más a esa franja alta, que en España la alcanza un 3% de alumnos, mientras que en otros países lo hacen en torno al 10%.

Hay otra cuestión importante que nos interesa especialmente para el logro de una educación inclusiva, y es que las mayores diferencias de resultados aparecen dentro de un mismo centro, y alcanzan hasta un 70% entre unos y otros alumnos. Esto es grave y algo se está haciendo mal. Para superarlo, hay que insistir en el refuerzo de la autonomía de los centros, en la formación del profesorado (metodología, modelos de evaluación), actualización de equipos directivos (organización, administración)..., todo cuanto pueda influir en el trabajo de calidad dentro de una misma institución. Lo contrario, nos habla de falta de equipo y ausencia de proyecto común, por muchos papeles que afirmen que lo hay. Creo que aquí está la clave para la mejora de nuestro sistema educativo y para la consecución de la sociedad democrática (inclusiva, por tanto) que queremos y necesitamos.

Una última puntualización: en términos generales, hablamos de un 30% de alumnos españoles que no alcanzan su título de Graduado en Educación Secundaria Obligatoria, pero PISA dice que los que no dominan las competencias básicas útiles para su incorporación a la sociedad son el 20% (que casi coinciden con los alumnos "repetidores"; conclusión: "repetir" no sirve para nada). Es decir, PISA nos ofrece mejores resultados que nosotros mismos. ¿Cómo estamos evaluando? ¿Qué estamos evaluando? ¿Competencias o memoria irracional, como siempre? Es otro punto fundamental para que la evaluación por competencias colabore en una educación con mayores oportunidades para todos y refleje con realismo los logros de los estudiantes, no si nos dicen lo que nosotros hemos contado y de la manera que lo hemos hecho. Hay que evaluar cómo aplican sus aprendizajes a situaciones de la vida, si les sirven para su futuro. No si han memorizado la lista de los reyes godos y si hacen bien un dictado: así no se consigue la educación inclusiva; más bien, se continúa segregando por motivos impresentables.

PISA exige una reflexión profunda sobre nuestro propio trabajo, de manera que, día a día, se aproxime mejor a la calidad que nos requiere el mundo actual.

Madrid, 13 de enero de 2011

DE JUZGADO DE GUARDIA.
¿SON OBLIGATORIOS LOS EXÁMENES?

Hace unas semanas tuve oportunidad de leer un artículo en el que se hablaba de los alumnos con dificultades de aprendizaje por diversos motivos (dislexia, discalculia, trastorno de desarrollo del lenguaje, TDAH, trastorno de aprendizaje no verbal...), lo que deriva en que a pesar de su mucho esfuerzo no alcanzan buenos resultados escolares. Además de resumir unas recomendaciones correctas que se habían publicado en un informe para la atención educativa del alumnado con estas dificultades, se iban abordando por separado, con otras recomendaciones directas para favorecer que estos niños, y alumnos a la vez, pudieran avanzar positivamente en su escolaridad y, por lo tanto, en su trabajo habitual en el aula, superando los cursos correspondientes.

Mi asombro aparece cuando, en el informe citado, al concretar las propuestas para las adaptaciones curriculares que se pueden considerar para estos alumnos, se alude a flexibilidad en el currículum y alguna otra cuestión, pero lo que no falta en ninguna al referirse a cada una de las dificultades aludidas es que se alargue el tiempo del examen, que no se tenga en cuenta solo la nota del examen para su calificación final, que se diseñen exámenes con preguntas directas y breves, que se lleve a cabo una supervisión durante el examen... En fin, que se llegan a proponer adecuaciones basadas casi exclusivamente en los cambios de forma o de duración del dichoso examen.

Y digo que me asombro, porque en la legislación educativa española de las etapas obligatorias de enseñanza (que es a las que se refiere especialmente el informe), cuando se establece la modalidad de evaluación para la primaria y para la secundaria obligatoria se determina que esta será continua y global o continua y diferenciada según las distintas materias del currículo, respectivamente (LOE[1], arts. 20 y 28). Traduciendo lo que esto significa, hay que decir que en la educación obligatoria no existe necesidad alguna de evaluar mediante exámenes. Pueden desaparecer sin ningún problema, pues evaluación continua no es examen continuo, sino valoración diaria del trabajo y del aprendizaje que el alumno o la alumna van realizando a lo largo de los procesos educativos que tienen lugar en el aula y en el centro.

Por lo tanto, en caso de que se haga algún examen (soy optimista, ¿verdad?), su resultado constituirá un dato más para añadir a las valoraciones de las tareas anteriores. Esto es, realmente, valorar de forma permanente y continuada el proceso de aprendizaje del alumno, lo que, además, favorece la detección de las dificultades que puedan surgir, en su caso, y la posibilidad de atajarlas en el momento en que se producen. Unas veces serán situaciones fáciles de resolver y otras, como en los casos que plantea el informe que nos ocupa, permitirá estudiar de forma más profunda la problemática individual del niño y decidir la intervención necesaria.

Por otra parte, es importante destacar que nunca hay que evaluar el aprendizaje total del alumno o, dicho en términos actuales, valorar su adquisición de competencias solamente por uno o varios exámenes. Es imposible hacerlo, si tenemos en cuenta la riqueza de contenidos que componen la formación de una persona: actitudes, valores, conocimientos de todo tipo, procedimientos y técnicas de aprendizaje, creatividad, habilidades, destrezas... Todo lo cual se pone de manifiesto en el día a día del aula, no durante una hora cada mes. Insisto, si el examen se hace, será otra actividad de síntesis que se sumará a todo lo ya aprendido y valorado fuera de él.

Algo que no se debe olvidar: este planteamiento abarca a todos los alumnos de la educación obligatoria, no a los que presentan dificultades, como una situación excepcional. En todo caso, lo excepcional sería el examen, dado que no se contempla en la regulación legal. La evaluación continua es un modelo más justo y más completo, pues permite evaluar el conjunto de aprendizajes que se van alcanzando de un modo lógico, procesual y pedagógico. Es decir, el profesor programa, prepara sus registros, observa, entrevista, anota,

---

[1] Ley Orgánica 2/2006, de 3 de mayo, de Educación.

propone actividades de distinta complejidad, las varía en función de los ritmos, los intereses o los estilos cognitivos, avanza, habla con las familias, contrasta sus datos con otros profesores…, y durante todo este proceso, evalúa de forma continua cómo y qué aprende cada alumno. Obtiene, así, una rica información que permite, de verdad, evaluar racionalmente, no a golpe de examen.

Por eso, cuando un alumno plantee alguna dificultad de aprendizaje como las citadas al comienzo, no hay que recomendar que se amplíe el tiempo del examen o que este se diseñe de otra forma, no, lo que hay que recomendar es que no se apliquen exámenes a estos alumnos, sino que se les valore en función de los trabajos habituales que realizan en el aula, que, al fin, es donde demuestran lo que saben, no lo que memorizan para exponer en un momento determinado y olvidarlo después. Me parece que todo esto deben conocerlo tanto las familias como los especialistas que tratan con niños de estas edades, pero que no son, específicamente, profesionales de la educación.

No olvidemos que el modelo de evaluación resulta decisivo para incluir o excluir a los alumnos del sistema. Acertar con una forma de evaluar metodológicamente válida, es acertar con la mejora de los aprendizajes y favorecer el éxito escolar de toda la población.

Madrid, 10 de febrero de 2011

REPETIR PARA NO AVANZAR

Parece un razonamiento de sentido común que mientras repetimos una tarea, una actuación cualquiera, no avanzamos en ella. El realizar trabajos repetitivos es algo aburrido, que cansa, desencanta y desmotiva al estudiante que debe copiar, por ejemplo, el enunciado de los problemas que luego tiene que resolver, cuando ya están escritos en el libro de texto y solo con poner su número sería suficiente. Por otro lado, cuando un alumno o alumna no ha alcanzado las competencias o los objetivos previstos para un curso escolar, o para un trimestre, se habla de "recuperar" eso "no alcanzado".

En primer lugar, no hay nada que recuperar, pues este término significa volver a tener algo que se había perdido y, ciertamente, estos alumnos nunca habían adquirido esos aprendizajes, ahora supuestamente "recuperables". Por otro lado, ese sistema se convierte en una bola de nieve que cada día crece más, pues al alumno que, por distintas causas o circunstancias, ha presentado dificultades para acceder a determinados objetivos en un trimestre del curso, le exigimos que en el siguiente aprenda todo lo del anterior más lo del actual. Imposible, claro. Día a día las dificultades aumentan −especialmente cuando se trata de áreas instrumentales, más jerarquizadas que otras− y el alumno va desconectándose de lo que pasa en el aula. No le puede interesar porque no lo entiende y, además, no se siente valorado ni por sus maestros ni por sus compañeros. El modelo de evaluación, en este caso, evidentemente no funciona, no resulta provechoso para que nuestros alumnos avancen progresivamente en sus logros.

Se da otra situación, derivada de esa evaluación final de los aprendizajes que solo ofrece información cuando ya hay pocos remedios que aplicar, y es que, al acumularse las dificultades, llega el momento de decidir la promoción del alumno a otro curso o ciclo, y se opta por la "repetición" de curso. Y el problema aumenta, dado que ese repetir no supone, en general, que el alumno en ese curso en el que permanece vaya a seguir aprendiendo desde donde quedó el curso anterior, sino que, efectivamente, como bien dice la palabra, "repite" todo. Eso significa que vuelve a empezar por el principio –por lo que ya sabe– y continúa con la misma metodología y evaluación de siempre, es decir, con la que ya se demostró inútil para su progreso. A esto se añade el agravante de que ha cambiado de compañeros, ahora más pequeños (en edad y en estatura), que no contribuyen precisamente a que la autoestima del repetidor se afiance y crezca.

La rigidez en la aplicación de las normas puede llegar a tal punto como para que un alumno con una importante discapacidad intelectual, por el hecho de no haber aprendido a leer y a escribir (cosa que no hará nunca, según todos los pronósticos de sus educadores) permanezca en primer curso de primaria durante años. Eso significa que, además de no aprender a leer, tampoco se integra social ni afectivamente –que es la razón de su inclusión– con ningún grupo de compañeros (cambian todos los años), ni logra otros aprendizajes más interesantes y provechosos para él que la inalcanzable lectura.

Por lo tanto, el sistema de repetición no sirve, en una inmensa mayoría de casos, para los fines que pretende. El niño no avanza en sus aprendizajes, sino que se queda igual que estaba, pero peor en cuanto a estímulos, ganas de aprender, socialización, desarrollo afectivo…, y un enorme etcétera que perjudica su aprendizaje y su inserción social. Hay datos fehacientes de que los sistemas educativos en los que la repetición es importante presentan un gran porcentaje de fracaso, dado que tal estrategia no ayuda a superar las dificultades, sino que las incrementa.

Otra cosa sería si esa permanencia en el curso del que el estudiante no ha conseguido las competencias previstas se realizara con una organización y una metodología (variada, por principio, para que atienda a la diversidad de situaciones) que le permitiera continuar avanzando desde donde se quedó en el curso anterior. Es decir, que parece imprescindible apostar fuerte por el agrupamiento flexible del alumnado y por las estrategias metodológicas y evaluativas diversificadas, que favorezcan la atención singularizada de los alumnos que planteen situaciones similares a las descritas.

A menudo, y en el mejor de los casos, cuando el sistema fracasa con determinado tipo de alumnado y se decide su repetición, se implementan con él las denominadas "buenas prácticas", ya experimentadas y con resultados excelentes en la mayoría de casos. Mi pregunta es simple: ¿por qué no se aplican esas buenas prácticas desde el principio y con todos los alumnos? Ganaríamos tiempo, eficacia, calidad, autoestima, clima escolar favorable, gratificación para el profesorado…, en definitiva, lograríamos lo que todos queremos para la educación y para la sociedad. Hay veces que no se entiende el "protocolo" de actuación en la docencia: esperar a fracasar para trabajar bien, cuando se dominan de antemano otros modelos didácticos que funcionan excepcionalmente.

En definitiva, repetir no significa mejorar ni avanzar, sino quedarse en el mismo lugar en el que se estaba, que no es lo que pretende la educación inclusiva, cuyos fines se centran en una educación de calidad para todos, imprescindible para progresar en cualquier sociedad democrática.

Madrid, 9 de febrero de 2012

¿RENUNCIAR A LA EVALUACIÓN?

En estos últimos meses, las líneas de política educativa transmiten con insistencia la idea de que renunciar a la evaluación supone renunciar a la exigencia, refiriéndose a la última propuesta del Ministerio relativa a las "reválidas"[1] en Primaria, Secundaria, etc., etc. No sé de dónde procede la idea de que los que podemos no estar de acuerdo con determinadas evaluaciones (sobre todo por su formato y especialmente por el manejo que se hace posteriormente de sus datos), renunciamos ni a la evaluación ni a la exigencia. De ninguna manera. Todo lo contrario. Precisamente lo que pretendemos es que otro modelo de cultura de la evaluación impregne todo el quehacer educativo: el de los centros y el de los profesores en sus aulas. Por otra parte, en el documento publicado por el Ministerio como propuesta de una Ley Orgánica para la Mejora de la Calidad Educativa (LOMCE), se afirma que "los test externos y estandarizados mejoran los resultados académicos de los alumnos…", apoyando las tesis de incrementar los exámenes de carácter externo (con cualquier nombre que se les quiera poner) para lograr la mejora en la formación del alumnado. Pareciera, por tanto, que cuando aprende el alumno es al realizar la prueba externa, no durante los procesos educativos de las aulas, y por ello lo que resulta imprescindible aumentar es el número de exámenes, procedimiento que recuerda demasiado al conductismo y a la enseñanza programada…, ya caducos y superados. Nada más lejos de la realidad, como sabemos todos los que nos dedicamos profesionalmente a la educación.

La mejora de resultados académicos a través de test externos está contrastada. Pero lo que no está comprobado en absoluto es que esos alumnos posean una mejor formación académica o personal. ¿Cómo puede producirse esta situación? Es fácil: como ya hemos

---

[1] Exámenes que se realizan al finalizar las diferentes etapas educativas: Primaria, Secundaria Obligatoria y Bachillerato.

comentado en alguna ocasión, cuando se aplican pruebas externas sistemáticamente, y de un mismo tipo, los docentes se dedican a preparar a los estudiantes para que superen esas pruebas, y estos aprenden a resolver el tipo de problemas que se les plantean en las mismas. Está demostrado hasta la saciedad que se puede aprobar un examen sin disponer de una buena formación en la materia y menos aún de una buena educación integral, que resulta imprescindible para la persona en la sociedad actual. Que se aprende a resolver pruebas es un hecho y no es garantía de la educación de calidad que todos deseamos para las generaciones que se forman.

Por eso, aunque no estemos de acuerdo con el modelo de evaluación propuesto, sí promovemos una evaluación que, como cualquier otro elemento curricular, apoye la mejora en la educación facilitando información continuada acerca de los procesos de aprendizaje que genera cada alumno, acerca de las dificultades que presenta en un momento determinado, acerca de la facilidad que tiene para actividades o áreas concretas y, también, acerca de los aprendizajes o competencias logrados durante y al final de este proceso. Esta evaluación resulta mucho más exigente para todos y cada uno de los alumnos y profesores que la resolución de un simple examen, puntual y de lápiz y papel, que no puede dar cuenta de los aprendizajes más importantes para la educación personal y, ni siquiera, de muchos aprendizajes imprescindibles en nuestra sociedad. Un ejemplo claro es que todo lo relacionado con la comunicación oral queda fuera de estas pruebas, y saber hablar y comunicarse es decisivo para todo ciudadano en una sociedad democrática. Lo mismo ocurre con las competencias de autonomía personal o de aprender a aprender: ¿qué examen reflejará el grado conseguido en ellas por cada alumno? Creo que ninguno, aunque no se puede negar la importancia de las mismas para desenvolverse en el mar de incertidumbres por el que navegamos. La evaluación continua y formativa exige el esfuerzo diario del estudiante y del profesor, porque valora lo que ambos hacen cada día en el aula y permite mejorarlo progresivamente. El examen, para muchos, solo exige estudiar tres días antes de su realización, y olvidar automáticamente lo que ya ha cumplido su función, que era aprobar y no aprender. Por eso, los que no queremos tanto examen externo no renunciamos a la evaluación exigente, sino que proponemos la aplicación del modelo que ahora está regulado legalmente (y, para más datos, lo está desde la Ley General de Educación de 1970).

Para terminar, el documento citado emitido por el Ministerio, no aborda ni una sola vez el modelo de educación inclusiva que tenemos legalmente en la actualidad, por lo que no se sabe cómo va a implementar las medidas que propone (las de evaluación y otras muchas, de carácter claramente segregador, que iremos comentando) teniendo en cuenta la igualdad de oportunidades para todo el alumnado y la calidad de educación que todos deben recibir, sin exclusiones, tal y como determina la Convención de la ONU a la que España está adherida. El CERMI[2] ha hecho llegar al Ministerio su preocupación por no establecer indicadores para determinar si se cumple con satisfacción el proceso educativo del alumnado con necesidades educativas especiales. Esperemos que, antes de que avance la propuesta de Ley, los responsables ministeriales ofrezcan una visión completa de cómo funcionará el sistema educativo "para todos", mejorando las disfunciones que ahora pueda presentar.

Madrid, 6 de septiembre de 2012

---

[2] Comité Español de Representantes de Personas con Discapacidad.

EVALUACIÓN UNIVERSAL PARA EL APRENDIZAJE

Ya hace bastantes años que se viene trabajando en el diseño universal, como elemento clave para construir una sociedad accesible a todos sus ciudadanos. Más en concreto, y en el ámbito de la educación, se promueve el diseño universal para el aprendizaje como eje imprescindible de la educación inclusiva y de la posibilidad de aprender por parte de cualquier alumno que a ella se incorpore. Como es lógico, no se trata solamente de que el alumnado pueda "entrar" en la escuela porque se hayan eliminado las barreras arquitectónicas, sino que después de estar dentro, pueda aprender. Lo más importante en educación es el acceso al aprendizaje. De lo contrario, no sirve el sistema porque resulta inalcanzable su meta.

En el Diseño Universal para el Aprendizaje (DUA), también promovido por la Convención de la ONU sobre los derechos de las personas con discapacidad, se manejan tres principios que, de forma resumida, se sintetizan en ofrecer a los alumnos y alumnas múltiples medios de representación, de expresión y de motivación y compromiso. Es decir, flexibilizar el currículo de manera que cada uno pueda comprender, expresarse y comprometerse en función de sus características y motivaciones personales.

La evaluación es un elemento esencial del diseño curricular y, por lo tanto, debe contribuir, como los otros, a la mejor formación personal y aprendizaje del estudiante. No solo debe utilizarse para comprobar un resultado, sino que debe estar incorporada a los procesos para que sea posible mejorarlos durante ese camino (esos caminos, mejor). Sin embargo, y a pesar de las muchas voces que se escuchan y se leen en este sentido, el poder de la evaluación crece en los últimos años precisamente por esa perversa utilización destinada, únicamente, a clasificar centros, niños y países, convirtiéndose en una losa difícil de levantar (o de eliminar, directamente) para muchos docentes, familias y alumnos.

Pero admitamos que resulta absolutamente contradictorio que, mientras se aboga por un diseño universal para el aprendizaje (adhiriéndose a la Convención de la ONU, por ejemplo), se deje al margen la evaluación en el sistema, como si no formara parte del mismo. Además, cuando se pretende que la evaluación resulte accesible para personas con algunas diferencias más acusadas dentro de la mayoría de la población, solamente se proponen medidas para que estas puedan realizar los exámenes en (más o menos) igualdad de condiciones que el resto. Como si la evaluación se identificara con el examen.

Pues no, afortunadamente no se identifica. Evaluar es mucho más que examinar. Es valorar lo que una persona avanza como persona, aprende como estudiante, se socializa como ciudadano, establece relaciones afectivas con sus compañeros y convive con "todos". Y esto no se puede medir ni evaluar con un examen puntual y escrito, como es obvio. Habrá que definir y concretar cómo lograr que también la evaluación resulte universal (accesible para el conjunto del alumnado) y colabore con un mejor aprendizaje, idea que parece lógica si se encuentra incluida en un diseño que tiende a esa universalidad en su acceso.

Se puede evaluar sin examinar. Todas las actividades que un alumno realiza en el aula son evaluables directamente por maestros y profesores. O sea, que si el diseño curricular es universalmente accesible, la evaluación debe serlo igualmente si el currículo es coherente en su elaboración; es decir, si las actividades y los recursos previstos para el aprendizaje se rigen por los principios que comentaba al principio, de forma casi automática la evaluación será accesible universalmente para todos los estudiantes, con o sin necesidades especiales, pero siempre diferentes por múltiples causas y circunstancias vitales. Ofrecerá, permitirá y promoverá distintas formas de representar, de expresar y de motivar…, no constituyendo un rígido corsé en el que caben muy pocos, sino planteando vías diversificadas para trabajar y favorecer una evaluación permanente de todos los avances que alcanza cada alumno. Además, este es el modelo de evaluación establecido legalmente en nuestro sistema, aunque muchos se empeñen en ignorarlo. Evaluación continua de los procesos, que asegura la posibilidad de cambiar en la programación lo que resulte necesario para lograr que el alumnado llegue a las metas previstas sistémicamente.

Así se puede valorar todo lo que va consiguiendo cada persona a través de actividades universalmente accesibles, propuestas en cada unidad didáctica tratada, que van dando cuenta de las competencias y objetivos alcanzados día a día, y también de las dificultades surgidas en el camino y que podrán superarse si son detectadas a tiempo, en el momento que se producen.

Resulta anacrónico e incoherente con los planteamientos inclusivos de la educación, el insistir en que para mejorar el sistema haya que examinar externamente cada pocos años. Examinando no se mejora, solo se comprueba lo conseguido en una pequeña parte del currículo (dudo que la más importante) y, por el contrario, se condicionan los procesos anteriores con tal fuerza que la educación se convierte en una carrera de obstáculos que no sabe muy bien adónde quiere llegar. Así no se aprende ni más ni mejor; se aprende a resolver pruebas, que no forman personas ni ofrecen la preparación que exige la vida en la actualidad. La calidad de la educación, para todos, pasa por un modelo de evaluación universal que favorezca el aprendizaje, también universal.

Madrid, 14 de febrero de 2013

¿EVALUACIÓN CONTINUA O EXAMEN FINAL?

La propuesta de LOMCE[1] que ha sido remitida al Senado y publicada en el Boletín Oficial de las Cortes Generales del 8 de octubre, parece que como versión definitiva, mantiene en su texto una importante incoherencia interna que contradice, por otra parte, lo que la misma Ley establece en su artículo 1 como principio: "La equidad, que garantice la igualdad de oportunidades […], la inclusión educativa…".

En el artículo 28 se recoge que la evaluación del proceso de aprendizaje del alumnado será continua, mientras que en el 29 se regula una prueba de evaluación final al terminar el cuarto curso de la ESO[2], que determinará la consecución o no del Título correspondiente, pues superarla supone un requisito imprescindible para ello. Aunque se tienen en cuenta para esa evaluación final, hay que reconocerlo, las calificaciones que el alumnado haya obtenido a lo largo del proceso durante los cuatro años de estudio.

Este planteamiento significa que un alumno o alumna que haya superado todas las áreas o materias de la ESO y haya promocionado regularmente curso a curso, es decir, que tenga aprobada toda la etapa, podría quedarse sin el título que reconoce este éxito por fallar en una prueba puntual, un día y a una hora determinados. Siempre me ha parecido injusto el modelo de evaluación que prima el resultado de un examen final sobre la valoración de lo que la persona trabaja en el día a día de su escolarización, teniendo en cuenta su esfuerzo, su constancia, sus circunstancias personales, sus éxitos, sus dificultades puntuales…, ya que lo que persigue esa pedagogía del esfuerzo que se pretende recuperar es precisamente lo que se puede evaluar observando el trabajo diario y nunca lo que alguien realice en tres

---

[1] Ley Orgánica 8/2013, de 9 de diciembre, para la mejora de la calidad educativa.

[2] Educación Secundaria Obligatoria (13-16 años de edad).

horas al final de cuatro años de estudio y superación (¿se valoraría a un trabajador por lo que hace en una única jornada y no por lo que realiza cada día?).

La evaluación continua es más costosa para el alumno que el examen final, pues le exige esforzarse a lo largo del curso y no solo tres días antes del examen. Esta última situación favorece "la cultura del pelotazo", o sea, que con un poco de estudio y un poco de suerte, se aprueba una materia de la que no se sabe casi nada y que se olvida cuando ha cumplido su cometido, que es, exclusivamente, aprobar y no aprender. Por eso parece incongruente que queriendo actualizar el esfuerzo en la educación, se abogue por el examen y no se refuerce la evaluación continua en su más estricto sentido y profundidad.

Pero, además, este modelo evaluador es más justo para toda la población escolar. Y, por lo que afecta a esta sección, más inclusivo, porque permite valorar y tener muy en cuenta las posibilidades de cada estudiante. Sería importante considerar que un alumno con determinadas dificultades de aprendizaje va recibiendo apoyos procesuales y va superando los estudios hasta llegar al final de la ESO con éxito reconocido. Pero quizá esa persona se encontrará con dificultades añadidas para superar una prueba final, externa…, que le exige un esfuerzo específico casi imposible de afrontar. ¿Se va a quedar, por esa exigencia, sin el título básico que le permite el paso a otros estudios, cuando evidentemente está capacitada para ellos? Parece injusto e inequitativo, ¿no? Resultaría igualmente injusto para cualquier alumno que no superara la prueba accidentalmente, después de haber aprobado todos sus cursos y materias, por supuesto, aunque no haya manifestado dificultad alguna. Pero en los casos de diferencias más acusadas, resulta inaceptable.

Insisto, por otro lado, en que el propio Proyecto de Ley se contradice, pues la evaluación continua que proclama en uno de sus artículos queda prácticamente eliminada con la prueba final que establece en otro. Son excluyentes. Habría que decidir sobre si mantener la una o la otra, porque ambas se anulan mutuamente. No solo formalmente, sino en su sentido interno. No es posible estar enviando un mensaje de valoración permanente y continuada llevada a cabo por el profesorado durante los procesos de aprendizaje (es decir, racional y coherente) y, a la vez, apostar por conceder el título solo a quien supere un examen final. O mantener la evaluación continua a lo largo de toda la educación obligatoria y salpicarla de varios exámenes puntuales que van a condicionar, como sabemos y ya estamos comprobando, el desarrollo curricular y el aprendizaje, empobreciendo el sistema y favoreciendo la pérdida de calidad real del mismo.

Considero importante la reconsideración de estos planteamientos legales que impedirán alcanzar los fines de mejora que pretende la nueva Ley. Si los legisladores no los tienen en cuenta, deberemos hacerlo los docentes.

Madrid, 31 de octubre de 2013

EL MODELO DE EVALUACIÓN EN UNA
LEY DE CONSENSO

PLANTEAMIENTOS PREVIOS

A la vista de las corrientes evaluadoras que nos invaden en estos últimos años, no parece fácil llegar a un modelo consensuado de evaluación para el sistema educativo. Por ello, sin grandes ambiciones, me conformaré con que una "inmensa minoría" esté de acuerdo con las reflexiones que siguen a continuación, esperando resulten de lo más razonables, que es, al fin y al cabo, lo que debería ser esa Ley de educación de consenso: razonable. En primer lugar, para adaptarse a las exigencias de la sociedad actual y, en segundo, para contribuir con todas sus virtualidades a conseguir esa calidad que todos citan, que todos quieren, pero que se aleja día a día, en gran parte por el modelo de evaluación que se pretende aplicar y que, como siempre, condiciona (para bien o para mal; creo que, en los últimos años, para mal) el proceso de enseñanza y de aprendizaje. Es decir, el trabajo de los docentes y el adecuado aprendizaje del alumnado.

Pareciera que se pretenden unos fines aceptables por parte de la mayoría, pero que para alcanzarlos se ponen en práctica modelos totalmente invalidantes de la actividad necesaria para ello. Incluso la LOMCE propone, dentro de su propio texto, una cosa y la contraria en más de una ocasión y, por supuesto, en lo referido a la evaluación de aprendizajes. Por citar un ejemplo fácil, establece la evaluación continua y, a la vez, regula evaluaciones externas que nada tienen que ver con ella. Algunas de estas evaluaciones pueden no incidir de manera decisiva en la promoción de alumnos y alumnas (cosa dudosa, en principio), pero evidentemente la prueba final de la educación secundaria obligatoria sí va a decidir notablemente la titulación o no de ese alumno o alumna. Aunque estos hayan superado todas las áreas o materias mediante la evaluación continua.

Por otro lado, hay que tener en cuenta la fuerte influencia que las pruebas internacionales (en especial, PISA) están teniendo en los diseños de los sistemas educativos, y no solo en el español. En nuestro caso concreto, han desaparecido los objetivos de las áreas/materias curriculares y, a cambio, han aparecido los estándares de aprendizaje como referentes de esas pruebas externas que se aplicarán y, además, con la pretensión de mejorar en los resultados de PISA, mediante el dominio de esos estándares. Creo que es un planteamiento absolutamente erróneo y simplista, por parte de nuestros legisladores. Si PISA evalúa competencias, se deberá tener como referente de la evaluación la adquisición de esas competencias. Si se echa un vistazo a los estándares que se han publicado, ¿alguien sería capaz de afirmar que son competencias lo que se reflejan en ellos? ¿No se parecen más a los objetivos operativos del conductismo o de la enseñanza programada vigentes hace más de cincuenta años? ¿Y así se mejorarán los resultados en PISA, o serán cada vez peores? En fin…, parece necesaria una reflexión seria y con rigor de los planteamientos internos del sistema educativo, porque la calidad no se logra por formular unos estándares o unos criterios determinados, sino más bien por la coherencia entre los elementos curriculares de manera que todos se refuercen y colaboren con una enseñanza motivadora, racional, creativa, funcional para la sociedad actual… Al fin, con un planteamiento educativo que permita y favorezca esa mejora tan deseada, mediante el buen trabajo docente y la actividad interesada del alumnado, el protagonista del aprendizaje.

Todos sabemos que la evaluación condiciona absolutamente los procesos de enseñanza y aprendizaje, por eso es tan importante acertar con el modelo adecuado para conseguir que se evalúe lo más esencial de la educación y, por lo tanto, se trabajen esos aspectos decisivos para la vida de la persona. Si las competencias u objetivos evaluables están bien planteados, recogen el perfil más apropiado para el individuo y para la sociedad actual, los procesos de aprendizaje se establecerán de manera que se puedan lograr y valorar esas metas. Es decir, creo que se llevará a cabo una práctica docente contraria al modelo tradicional de lectura, escucha, memorización, examen escrito, repetición literal de lo leído y escuchado… Y que el alumnado siga repitiendo y el sistema siga fracasando.

Como afirma Richard Gerver (2015)[1]: "Tenemos que debatir si el modelo de calificaciones actual es apto para lo que pretendemos (…) ¿Estamos limitando el desarrollo de la educación debido a nuestra fijación por los exámenes y los títulos que conducen a un estrechamiento de las oportunidades y el desarrollo?". Efectivamente, pienso que nos encontramos en un momento decisivo para resolver, definitivamente, los planteamientos apropiados para la educación de las futuras generaciones mediante un consenso generalizado en la educación (Moya, 2015) y, muy especialmente, en todo lo relacionado con la evaluación, que tanto limita y condiciona el trabajo de los profesionales de la docencia.

CONCEPTOS DE EVALUACIÓN

Retomando lo comentado en relación con la coherencia imprescindible en el conjunto del enfoque educativo que se aborde, hay que comenzar aclarando que se parte de un modelo de educación inclusiva, con lo cual estamos afirmando que, en principio, se precisa de un diseño curricular flexible que permita adecuar la estructura y el planteamiento de todos sus elementos a las características contextuales y personales de la población escolar que, en cada caso, deba atenderse.

En este sentido, entendemos la educación inclusiva como un planteamiento en el que el sistema educativo pretende adaptarse a las peculiaridades de las personas (y no exige la posición contraria, habitual en nuestra realidad), formando a estas en una misma institución y ofreciéndoles oportunidades educativas heterogéneas y enriquecedoras para todos. La diferencia como reto y como lugar de intercambio y de crecimiento mutuo es la base de la educación necesaria para alcanzar la convivencia en la diversidad que, al fin, supone el mejor futuro para la sociedad (Casanova, 2011).

Siguiendo con esa coherencia ya citada, antes de realizar propuesta alguna para incorporar la evaluación a una ley de consenso, vamos a revisar algunos conceptos de evaluación, entendiendo que hay que partir de una buena teoría para disponer, después, de una buena práctica.

---

[1] Edufiesto, en *Escuela*, nº 4051. Madrid, Wolters Kluwer, 26 de febrero, pág. 3.

Si vamos avanzando en el tiempo, desde la incorporación del término y concepto de evaluación al campo educativo[2] (a partir de 1916, como fecha aproximada), influidos fuertemente por el ámbito empresarial del que procedían (segmentación del trabajo/segmentación de la actividad docente; control de tiempos/control de resultados educativos, etc.), supuso la casi identificación del control empresarial con la evaluación escolar, lo cual ha repercutido en su planteamiento inicial y en los amagos periódicos de volver a ese mismo enfoque cada cierto tiempo, a pesar de los avances en psicología evolutiva, psicología del aprendizaje, organización…, y un largo etcétera que justifica ampliamente el cambio de modelo evaluativo que extraiga las virtualidades completas que ofrece la evaluación entendida desde modelos más holísticos y menos encorsetados, más propios de otras épocas, y que sean capaces de ofrecer respuestas válidas ante sociedades democráticas y esperanzadas en alcanzar la equidad y la calidad para todos sus ciudadanos. Pero sigamos. En 1950, Tyler entiende la evaluación como "el proceso que permite determinar en qué grado han sido alcanzados los objetivos educativos propuestos". Ya en 1963, Cronbach da un paso más y añade que, además de esa comprobación, la evaluación debe resultar útil "para tomar decisiones sobre un programa educativo". Por último, en este breve recorrido, recordemos a Scriven, quien en 1963 incorpora un elemento decisivo para la evaluación, proponiendo que esta tiene que "valorar" el mérito del objeto evaluado, incluyendo así la ideología del evaluador y el sistema social de valores imperante, como elementos que influirán de modo decisivo en los resultados de cualquier evaluación.

A partir de estos momentos iniciales en los que arranca con fuerza la evaluación dentro de los sistemas educativos, es mucha la bibliografía sobre el tema y numerosos los autores que van enriqueciendo la teoría y la práctica evaluadoras, pero creo que en ese comienzo se encuentran los factores básicos y permanentes de todo proceso evaluativo. Que se mantienen hasta la actualidad, donde se hace mayor hincapié en una u otra postura en función de la ideología y de los modelos políticos vigentes. Más comprobar que decidir, más decidir,

---

[2] Tomo como referencia la publicación de la obra de Henry Fayol (1916), en la que estableció como principios básicos de toda actuación administrativa: planificar, realizar y evaluar.

aunque se haya realizado escasa comprobación, menos valorar con objetividad…, de todo hemos visto en las últimas décadas. Por lo tanto, hay que decidir de qué conceptualización evaluativa se parte, para consolidar el modelo de manera más o menos estable, sin prestarse a vaivenes constantes que desorientan el quehacer educativo en las aulas, que es donde realmente se producen los hechos educativos.

Personalmente, entiendo la evaluación como un proceso sistemático y riguroso de recogida de datos, que informa permanentemente acerca de cómo se producen los procesos educativos, permitiendo así valorar todo lo que se va logrando y tomar medidas para superar las disfunciones y reforzar lo positivo. De este modo, es posible mejorar el conjunto de factores que concurren en la educación: Administración educativa, Centros docentes y aprendizajes del alumnado (Casanova, 2007).

PROPUESTA DE EVALUACIÓN EN UNA LEY DE CONSENSO

Por todas las razones hasta aquí expuestas y para conseguir que estos planteamientos queden garantizados en una Ley de educación con expectativas de permanencia en el tiempo, creo que sería importante incorporar a la misma determinadas cuestiones básicas capaces de proteger los enfoques mejor admitidos hasta la fecha como favorecedores de la calidad educativa para todos, es decir, esa calidad unida a propuestas equitativas que, aunadas, conquisten la igualdad de oportunidades en la sociedad democrática que tenemos y que debemos seguir construyendo por caminos convenientes.

Insistiendo en lo personal de esta propuesta, me conformaría con que la Ley recogiera, al menos, la necesaria evaluación de los tres grandes protagonistas del sistema: Administración educativa, Centros docentes y Aprendizajes, especificando sintéticamente los enfoques que avalen la adecuada implementación de la misma, si bien concretándola de la forma más apropiada en función del momento en que se lleve a cabo, del territorio en el que se aplique y otros muchos factores que siempre se delimitan cuando se emprende cualquier actuación. Pero tanto la actualización de estos componentes circunstanciales, como la inclusión de otros nuevos que pudieran surgir y resultar positivos, puede hacerse mediante normas legales de menor rango, de manera que se preserva la Ley, no sometiéndola a cambios continuos, y, sin embargo, se avala el enfoque pertinente que sirve de base a sistemas educativos no desfigurados en su esencia por evaluaciones "de moda" que puedan aparecer y resultar entorpecedoras de avances en la formación integral de la persona y en la configuración de una sociedad más justa que la que ahora tenemos.

Resumo los términos en que podría recogerse la evaluación en esa Ley tan anhelada en España por parte del conjunto social (ver figura 1):

EVALUACIÓN PERIÓDICA DE LA ADMINISTRACIÓN EDUCATIVA

Comprobación de la funcionalidad de la estructura de la Administración educativa en relación con la estructura del sistema.

Comprobación de los efectos de la legislación educativa emitida en cada legislatura.

EVALUACIÓN DE CENTROS

Externa: Evaluación periódica de los elementos que rigen el funcionamiento de los Centros docentes, determinados por cada Administración educativa autonómica.

Evaluación del funcionamiento de los Centros educativos: implementación curricular, organización, dirección, departamentos o equipos docentes, relaciones con las familias, relaciones con el entorno, proyectos de innovación, participación en proyectos internacionales, etc.

Evaluación de los resultados del Centro, relacionados tanto con los aprendizajes del alumnado, como de los elementos citados en el párrafo anterior.

Interna: Evaluación por parte de la comunidad educativa de cada Centro, de los mismos elementos citados, contextualizados o ampliados en función de las características de la población o del territorio.

EVALUACIÓN DE APRENDIZAJES

Modelo de evaluación continua y formativa para valorar los aprendizajes del alumnado, con indicación de técnicas e instrumentos para llevarlo a cabo.

COMENTARIOS A ESTA PROPUESTA

Sería importante, como es obvio, especificar en estos apartados generales algunos requisitos para que su práctica no se someta a la decisión anecdótica, en cada momento, de los políticos de turno.
Algunos ejemplos:

a) Los resultados de las evaluaciones externas de los centros deben compartirse solamente con los propios centros evaluados, de modo que sirvan para su mejora en comparación consigo mismos en momentos anteriores y, por supuesto, contextualizados en su territorio y en la población que deben educar. Esto será útil, igualmente, para organizar planes de mejora en el futuro, en relación con su calidad de funcionamiento global y rendimiento de su alumnado.

b) Las evaluaciones internas de los centros se llevarán a cabo periódicamente y, también, con modelos formativos, para que permitan tomar decisiones en los momentos precisos, superando las dificultades aparecidas y reforzando todo lo que funcione eficazmente. Será importante destacar la participación de la comunidad educativa en su totalidad en estas evaluaciones, para que sus resultados sean asumidos responsablemente y generen compromisos reales de mejora.

c) Parece imprescindible que, por primera vez, aparezca la necesidad de que la Administración evalúe sus actuaciones. Tanto en la adecuación de su estructura como en los efectos de su legislación. Habrá que incidir no especialmente en datos cuantitativos, sino en la funcionalidad de sus actuaciones.

d) La evaluación de aprendizajes del alumnado, además de definirse en la Ley como "continua y global" (cosa que se viene haciendo desde 1970), tendrá que detallarse en un artículo específico, incorporando cómo llevar a cabo ese modelo evaluador. Ya basta de denominaciones huecas, que no se llevan a la práctica en centros y aulas.

e) Resultará fundamental la coherencia de la Ley en todas sus decisiones, con objeto de que en su mismo texto no aparezca "blanco y negro", al menos en lo relacionado con la evaluación. Esto afecta tanto a lo comentado en el punto anterior, como a mandatos contradictorios que pueden aparecer a lo largo del texto legal, como ocurre en la ley actual (LOMCE).

Para finalizar estas breves reflexiones, tengo que admitir que me conformaría, sinceramente, con que la Ley esperada (y confiemos que pronto en el *Boletín Oficial del Estado*) se cumpliera, de verdad, en los elementos básicos que determine. Que no sean muchos ni excesivamente prolijos, para conseguir ese consenso tan deseado, pero que sí sean decisivos para el mejor enfoque educativo dirigido a la población que se eduque en los próximos años.

REFERENCIAS BIBLIOGRÁFICAS

Casanova, M. A. (2007). *Manual de evaluación educativa*. Madrid: La Muralla, 9.ª edición.
Casanova, M. A. (2011). *Educación inclusiva: un modelo de futuro*. Madrid: Wolters Kluwer.
Cronbach, L. J. (1963). Course improvement through evaluation, en *Teachers College Record Rev.*, 64.
Fayol, H. (1916). *Administración industria y general*. París: H. Dunod y E. Pinaten.
Moya, J. (2015). *La educación como derecho. Bases para un consenso razonable*. Madrid: La Muralla.
Tyler, R.W. (1950). *Basic Principles of Curriculum and Instruction*. Chicago: University of Chicago Press.

Figura n.º 1

Evaluación de:	Elementos evaluados	Agentes evaluadores	Finalidad
Administración educativa	Estructura Legislación	Expertos externos	Mejora en su funcionamiento
Centros docentes	Externa: Currículum, organización, dirección, resultados de aprendizaje, etc.	Realizada por expertos ajenos al Centro	Conocimiento general del funcionamiento del sistema y mejora del mismo
	Interna: Iguales elementos	Realizada por la comunidad educativa del Centro	Mejora del funcionamiento del Centro
Aprendizajes del alumnado	Modelo continuo y formativo	Profesorado	Mejora de sus resultados educativos

Fuente: elaboración propia

Madrid, junio 2015

¿EDUCAR O EVALUAR?

En los últimos años y, quizá, debido tanto a la sociedad globalizada en la que vivimos, como a intentos más o menos bienintencionados de mejorar la educación o, después, a negocios con excelentes beneficios, una cuestión como la evaluación de los sistemas educativos, abandonada secularmente en determinadas culturas como la nuestra y otras afines, se viene imponiendo por vías directas o indirectas, de forma generalizada. En países que tienen sistemas para evaluar y en otros que precisarían disponer de un sistema educativo con unas ciertas condiciones para poder denominarse como tal, antes de incorporarse a estas corrientes evaluadoras. Pareciera que con evaluar el sistema (o examinar al alumnado, que es lo que se hace), este fuera a mejorar milagrosamente.

Eso sí, la evaluación externa se genera y se elabora desde instancias y culturas con mayor tradición en este campo, a las que interesa (económica e ideológicamente), atraer hacia su modelo al resto de naciones. Además de que, obviamente, se realiza con el enfoque y la mentalidad de los países promotores, que no siempre coinciden con los de los receptores como miembros pasivos y de la misma e, incluso, con valores diferentes, muy valiosos, en sus propias culturas, que no son tenidos en cuenta, para nada, en esas pruebas homogeneizadoras de carácter externo e internacional.

Pero el hecho es que desde que comenzó esta fuerte corriente, las reformas que se producen en diferentes países (de muy distantes latitudes) se encuentran condicionadas por el modo de evaluar de PISA, PIRLS, TIMSS… (especialmente por la primera), e incorporan a sus sistemas estándares de aprendizaje poco pensados, calcados de algunos indicadores manejados por la prueba y referidos solo a comportamientos casi conductistas que se cree responden a lo que se solicita desde fuera y que mejorará los resultados (aparentes, claro, pues no se habla de aprendizajes o competencias reales, sino de contestar un modelo concreto de prueba)…, hasta el punto de que en los currículos pueden desaparecer los objetivos de las áreas curriculares (de hecho, así es en el actual sistema español) mientras que se incrementan los criterios de evaluación y los estándares. Y hay que preguntarse: para evaluar ¿qué? Si no se plantean objetivos que conseguir, difícilmente podremos valorar si se han logrado o no. En fin, que aparecen situaciones impensables hace no tantos años, en los que la coherencia del sistema se cuidaba en orden a alcanzar las metas que la educación se proponía para las generaciones jóvenes.

Personalmente, creo que habría que volver a poner en énfasis en los procesos educativos y no tanto en la evaluación de resultados, que está impidiendo que la educación surta los efectos deseados. Creo que no soy sospechosa en cuanto a mis ideas sobre la necesidad de la evaluación, pero siempre poniéndola al servicio de una mejor formación del alumnado, nunca para tergiversar ese importante camino por el que debe transcurrir la educación de la persona y al que cualquier modelo de evaluación debe contribuir positivamente, promoviendo las capacidades de cada alumno y colaborando en la optimización de los procesos para, consecuentemente, obtener unos mejores resultados.

Las Administraciones educativas deberían centrarse, fundamentalmente, en educar, en promocionar la excelencia en la educación de toda la población, lo cual implica evaluar, por supuesto, pero de la manera más adecuada para que una posible evaluación externa recoja, realmente, el rendimiento final de un largo y productivo proceso de aprendizaje, nunca con un paradigma contrario a la formación profunda, integral, sólida, diversificada, colaborativa…, en definitiva, a esa educación de calidad de la que tanto se habla pero que, en algunas ocasiones, dudamos de que sea el objetivo verdadero en los planteamientos oficiales. No basta con "quedar bien" en pruebas internacionales. Eso debe ser la consecuencia de una buena educación. Es decir, que la educación no tiene que estar al servicio de la evaluación, sino que esta debe ponerse al servicio de la primera. Hay que proponer un buen modelo educativo y, dentro del mismo, incluir un tipo de evaluación que procure su consecución, no que la trivialice o que incluso la entorpezca.

Soy consciente de la perplejidad de muchos docentes en estos momentos, que no saben si dedicarse a preparar a sus alumnos para determinadas pruebas o a educarlos en función de los diseños curriculares oficiales (más completos casi siempre), ya que, desafortunadamente, se contradicen en algunos casos.

Lo lógico es que si un niño ha aprendido lo que le corresponde por su situación, su edad, sus características…, supere la prueba que le llegue, ya sea interna o externa. Claro está, contando con que esa prueba esté bien elaborada y ajustada a los contextos en que se aplica, cosa discutible en la actualidad.

Eduquemos en las aulas, evaluemos formativa y cualitativamente para mejorar de forma permanente tanto los niveles de aprendizaje como los de enseñanza…, y esperemos que, poco a poco, las evaluaciones externas se adecúen a las diferentes realidades en las que se implementan, valorando los avances reales de la población. No invirtamos la situación, subordinando una educación de calidad a una evaluación de validez incierta.

Madrid, 29 de septiembre de 2016

¿Y SI DESAPARECIERAN LOS EXÁMENES?

En la primera edición de mi *Manual de evaluación educativa* (1995), ya planteé esta cuestión que, por desgracia, sigue tan vigente como entonces, pasados 23 años. Algunos docentes se hicieron eco de ella y aparecieron múltiples respuestas, creo que todas en sentido positivo. O casi todas, para hacer honor a la verdad.

¿Cómo funcionaría un centro educativo en el que no hubiera exámenes? ¿Podemos imaginarlo? El trabajo diario se realizaría pensando en aprender todo lo nuevo que se planteara en el aula, la finalidad de cualquier actividad sería despertar la curiosidad por el tema o el proyecto, investigar, buscar materiales, teorías, datos interesantes en los que encontrar respuestas, participar con los compañeros…, en definitiva, disfrutar aprendiendo.

¿Es una utopía? No. Existen centros sin exámenes, que funcionan extraordinariamente bien y en los que su alumnado aprende más que en el resto. Sobre todo, aprende de verdad, en el sentido estricto de la palabra.

¿Se puede realizar este planteamiento sin vulnerar las normas legales de educación? Por supuesto. Cuando se está infringiendo la ley es cuando se realizan este tipo de pruebas y, además, constituyen el elemento exclusivo por el que un alumno es calificado. Desde el año 1970, el modelo de evaluación educativa en España (Ley General de Educación) es la evaluación continua, que no equivale a exámenes continuos, claro está. Y que se ha mantenido hasta ahora. Esto exige la utilización de variadas técnicas de recogida de datos y de instrumentos o registros en los cuales reflejar la información obtenida, de modo riguroso y sistemático, pero permanente, es decir, conseguida mediante la valoración de todas las actitudes observadas y las actividades llevadas a cabo por el alumnado en su día a día en las aulas.

Insisto: ¿Os imagináis lo que es educar sin tener la "Espada de Damocles" de los exámenes como meta de nuestro trabajo? El examen no es la finalidad de la educación. El objetivo es el aprendizaje por parte de todos y cada uno de nuestros alumnos. Y, en educación, eso se consigue mejor sin exámenes, además de que se promueven los valores que necesitamos en la sociedad (cooperación, trabajo en equipo, respeto y valoración de las diferencias…) e, igualmente, se fomenta esa pedagogía del esfuerzo, tan reclamada por determinados sectores, pero que suponen que solo se alcanza mediante la aplicación de múltiples exámenes, cuando la realidad es tozuda y nos pone de manifiesto que los resultados son contrarios a lo deseado.

Cuando el examen es la meta, alumnos y alumnas solo se preocupan de prepararlo en función del tipo de prueba que se les va a aplicar y de lo que va a "entrar" en la misma. Consecuencia: se puede estudiar y memorizar durante los tres días antes del consabido examen, hacerlo relativamente bien, aprobar y olvidar lo "aprendido" falsamente, es decir, lo memorizado para ese momento.

La evaluación continua exige un trabajo diario y cuidadoso, pues todo lo que se hace se valora. No sirve trabajar cinco días al mes. Hay que esforzarse diariamente para formarse integralmente y aprender de verdad, disfrutar con este proceso y despertar la curiosidad para seguir avanzando, que es la base del conocimiento humano.

Otra consideración: evaluar solo con un examen (es decir, una prueba escrita en un momento determinado) resulta totalmente injusto, pues es posible valorar todo lo aprendido por el estudiante (actitudes, valores, procedimientos, expresión oral…) y, es más, puede perjudicar el trabajo realizado durante meses por determinado alumnado que se bloquea ante una situación examinadora o precisa de condiciones especiales para responder, en esos tiempos establecidos, a lo que se le plantea. ¿Y si, dada la cultura de algunos centros, el profesorado necesita proponer ese examen para decidir la evaluación de su alumnado? Pues que piense que el dato del examen será solo uno más entre todos los que tenga recogidos a lo largo de los meses de trabajo, pero en ningún caso el único válido para aprobar o suspender a alguien.

Y otra cuestión más: si se pregona que la educación inclusiva es nuestro modelo educativo "legal", no parece muy coherente evaluar con una prueba igual para todos, respondida de la misma manera por todos y en un mismo plazo de tiempo. ¿No somos todos diferentes? Pues habrá que diversificar los modelos evaluativos, como ocurre naturalmente en la evaluación continua. Y voy más allá: un alumno con dificultades especiales o alguna discapacidad, que ha aprobado por evaluación continua todas las materias, ¿puede ser suspendido por un examen? ¿Para qué han servido, entonces, todas las evaluaciones anteriores? ¿Cómo ha evaluado ese profesor o cómo se está evaluando ahora con el examen? ¿Tan diferentes pueden ser los resultados? Habría que convenir en que se da una falta de objetividad clara en los resultados de ambos trayectos. Hay que resolver esa paradoja.

En las últimas jornadas y congresos en los que he participado, cuando se habla de las "adaptaciones" que precisa el alumnado con necesidades especiales en la escuela ordinaria, la primera que aparece es darle más tiempo para realizar los exámenes. ¡Qué fácil es eliminar esta necesidad de adaptación suprimiendo el examen! No hay que cambiar al niño, hay que cambiar el sistema. Creo que desaparecerían muchísimas dificultades de aprendizaje, simplemente quitando de la vida escolar el "no obligatorio" examen, pero tan devotamente seguido por tantos docentes.

Estoy en condiciones de asegurar, por experiencia propia, que los procesos educativos cambian radicalmente cuando desparecen los exámenes, no solo en las etapas obligatorias de escolarización, sino incluso en la Universidad.

¿Y si probamos a no examinar este final de curso? ¿Cambiamos la terminología y en vez de entrar en "época de exámenes", entramos en época de reflexión sobre lo trabajado y conseguido a lo largo del año? Resulta esencial la innovación evaluadora para mejorar los sistemas educativos. Mientras la sociedad entera considere que la finalidad de los procesos de aprendizaje es conseguir el aprobado, no avanzaremos en absoluto. Invirtamos los términos (aquí el orden de factores sí altera el producto) y consigamos la calidad de la educación que desemboque, naturalmente, en ese aprobado deseado. Mejor aún: en ese sobresaliente necesario.

Madrid, 17 de abril de 2018

EVALUAR EL NIVEL DE EXPECTATIVAS

Se habla mucho de "fracaso" y "éxito" escolar, centrando estos resultados en el quehacer del alumnado. Pareciera que solo depende del estudiante la consecución de un rendimiento adecuado: no estudia, no le interesa, no atiende… Siempre es el alumno el que comete errores que le llevan al fracaso o al éxito, en el caso contrario: es muy estudioso, obediente, hace sus deberes diariamente… Pero todos sabemos que no es así, que la educación es una tarea compleja en la que inciden múltiples factores derivados de muy diversos sectores, tanto escolares como familiares o sociales, en general.

Está comprobada la correlación entre "clima escolar" y éxito en los aprendizajes, pero todavía no se ha producido esta evidencia en lo que se refiere a la incidencia directa que posee el nivel de expectativas que el profesorado pone en sus alumnos, para alcanzar los resultados previstos en el más alto grado. No obstante, sabemos que esto funciona, que funciona muy bien. ¿Efecto Pigmalión? Está en la misma línea: lo que se espera de una persona produce "el milagro" de que esta lo consiga. Es una consecuencia que se genera en todas las relaciones: de la madre y el padre hacia sus hijos, de las familias hacia el centro educativo, de los supervisores y directivos hacia el profesorado… El "pensar bien" de una persona o de una institución hace que esta eleve su autoestima y procure responder a las esperanzas puestas en ella. La "profecía autocumplida" parece un hecho constatado en múltiples experiencias controladas y reflejadas en publicaciones diversas, tanto en sentido positivo como negativo, no lo olvidemos.

En este mismo sentido, también se ha probado la influencia enorme que la "emoción" produce en el bienestar de la persona (que puede ser el estudiante, en nuestro caso) y, por lo tanto, en la positiva percepción de sí misma o, dicho de otro modo, en su autoestima. Alguien que cree poder lograr una meta tiene más posibilidades de hacerlo que quien lo considera imposible, entre otras cosas porque ni lo intenta. Hace falta imaginación y confianza en las propias fuerzas para acometer una empresa y conseguirla.

Cuando un profesor piensa (o tiene información) acerca del buen nivel de su grupo, en general procura trabajar con actividades más complejas y enriquecedores, abarca materia amplia en sus enseñanzas, pregunta y exige más a su alumnado, crea un clima de confianza en el aula que favorece la comunicación… Al final, aunque su información previa no fuera cierta, consigue mejorar los resultados de modo fehaciente (Rosenthal, Braslavsky, Elliot, Babad…). Comprobado.

Sin embargo, aunque todos estamos convencidos del beneficioso efecto de estas actuaciones, no parece que se incorporen al quehacer habitual del profesorado. Quizá porque son algo difícilmente tangible, porque no aparecen en evaluaciones internacionales, porque no entran en los parámetros actuales de éxito en la sociedad (en las familias), porque se escapa a los programas de matemáticas, lenguas, tecnología… y todo eso que es lo realmente "importante"… Olvidando, claro, que para conseguir eso "tan importante", la persona tiene que sentirse valorada, tomada en cuenta, querida, aceptada…, para confiar en sí misma y seguir adelante convencida de que puede y va a llegar adonde se proponga. ¿Tonterías? Creo que no. Que la base de la educación de calidad no se evalúa con un test ni con una prueba escrita, por muy bien elaborada que esté. Que la puede valorar el docente, la familia, el directivo, el supervisor…, en contacto directo entre ellos y con sus hijos y alumnado.

¿Y si comenzáramos a evaluar el modo en que se manifiesta el nivel de expectativas dentro de las aulas, en los centros, en el sistema educativo? Podría variar totalmente la percepción que se tiene del mismo y de la influencia directa que posee en el comportamiento y en el rendimiento escolar del conjunto de la población.

¿Encontraremos indicadores que permitan evaluar esa profecía de calidad que queremos alcanzar? Seguro que sí. Algunos ejemplos, que, después, cada docente tendrá que ajustar a su realidad y continuar ampliando. Es el día a día en el aula lo que cambiará la realidad social y educativa. Y eso solo lo conquistan las personas que se lo proponen. Los indicadores suponen un camino que nos permitirá avanzar con seguridad, sin olvidar nada esencial y, sobre todo, sin dejar de lado los detalles que favorecen la convivencia dentro de la diversidad tan enriquecedora que se da en cualquier grupo humano.

Vamos con los ejemplos:

Recibo al grupo con una sonrisa.
Me intereso por la situación personal de cada uno.
Conozco los talentos del alumnado.
Propongo actividades multinivel, enriquecedoras para todos los talentos.
Propongo actividades multinivel, posibles de realizar desde diferentes capacidades.
Conozco las necesidades educativas de mi alumnado.
Ofrezco actividades en las que todos pueden colaborar, en función de sus capacidades o habilidades.
Establezco diferentes momentos para trabajos individuales y cooperativos, en los que pueden demostrar sus preferencias y cualidades.
Favorezco las relaciones horizontales entre alumnos y alumnas.
Animo a cada estudiante a profundizar en lo que le motiva.
Facilito que todos valoren las actividades de los demás, destacando lo que más ha gustado.
Doy oportunidad de exponer los trabajos o los proyectos de cada estudiante.
Me propongo que el grupo conozca la potencialidad de cada uno de sus compañeros y la aplique en diferentes trabajos.

En un aula con estas características, ¿se sentirán los alumnos reconocidos y valorados? ¿Les apetecerá seguir avanzando hacia metas superiores, que el docente propone cada día? Posiblemente, sí. Pero hay que formular más indicadores que guíen esta profecía autocumplida de mejora continua y óptimos resultados, que debe cumplirse, sin falta, en todas nuestras escuelas.

Madrid, 15 de noviembre de 2018

¿PEDAGOGÍA DEL ESFUERZO O EVALUACIÓN CONTINUA?

Parece una opinión generalizada en el mundo de la educación que es necesario recuperar la pedagogía del esfuerzo para promover el interés y el mejor aprendizaje del alumnado en estos momentos. Que los jóvenes están acostumbrados a recibir todo hecho, que no tienen que esperar nada para conseguir lo que quieren, que los adultos les facilitan excesivamente la vida y, en consecuencia, que también en la educación se les concede demasiado pronto ese "aprobado" que significa haber aprendido, cuando, en realidad, no ha sucedido tal cosa dada la poca o nula exigencia actual en los sistemas institucionales.

Con objeto de combatir esta situación, evidentemente no favorable para la "supervivencia" de las futuras generaciones, surgen posturas salvadoras que nos retrotraen al pasado para superarla: más severidad y más exámenes, de manera que se compruebe, con efectividad, lo que aprende, o no, nuestro alumnado.

El problema está en lo que se entiende por cada uno de los dos conceptos manejados y en la traducción a la realidad del aula. Resulta evidente que, en función del modelo de sociedad que tenemos o que queremos, así hay que plantearse el sistema educativo. Y la disciplina no implica estar callados y sumisos ante el profesorado, ni estar sentados uno detrás de otro sin poder comunicarse a lo largo de los ya numerosos años de escolaridad obligatoria. Este modelo "oficial" responde a gobiernos superados, autoritarios, que, efectivamente, tenían muy claro el tipo de ciudadano que querían. Pero en una democracia, habrá que convenir que puede haber disciplina de trabajo en los centros docentes (sin esa severidad exigida con pocos fundamentos), y que eso no implica rigidez ni autoritarismo, sino que se trabaja mejor cuando se comparten las tareas, se refuerzan las aptitudes y competencias de cada estudiante, se colabora, se llevan a cabo proyectos comunes…, en fin, se mantiene el espíritu de trabajo y el esfuerzo, pero en un ambiente que lo favorece de verdad, no que lo consigue aparentemente y que produce, a la larga, el efecto contrario, con falta de resiliencia y pensamiento crítico en los ciudadanos. Seguiremos profundizando en esta cuestión.

Algo similar ocurre cuando se plantea el cambio de evaluación, entendiendo, desde algunas Administraciones y Centros, que el examen exige más esfuerzo del estudiante que la evaluación continua. Con lo cual, inciden en más pruebas externas o internas, puntuales, escritas…, que evalúan lo que pueden (dejando de lado muchos aspectos de los que "deben") y abandonan numerosos aspectos educativos que suelen ser los más importantes y decisivos para la formación y el desarrollo personal.

La argumentación es fácil: cuando se pregunta al alumnado qué prefiere, si exámenes o evaluación continua, eligen los primeros sin dudar. Ellos saben perfectamente que el examen solo requiere memorizar "lo que entre" unos días antes de la fecha fijada. La evaluación continua les exige trabajar todos los días, no solo reteniendo conceptos, sino realizando variadas actividades, colaborando en trabajos comunes, demostrando día a día que se manejan los aprendizajes previstos, preparando exposiciones personales y en grupo…, y un largo etcétera que convierte este modelo de evaluación en una permanente conducta de esfuerzo y manifestación de los avances que se producen de modo habitual, sin pausa ni interrupciones bruscas, como puede suceder con los exámenes previstos o improvisados.

El examen supone menos esfuerzo al evaluado y al docente que la valoración diaria de su trabajo. Uno demuestra solo lo retenido con objeto de aprobar, mientras que la otra implica aprender realmente, adquirir competencias que se deben poner "sobre la mesa" en cada momento del proceso educativo.

Soy consciente de que estoy yendo al fondo del planteamiento, sin matizar que puede haber diversos modelos de examen, de pruebas objetivas…, y todas esas razones que se esgrimen para justificar la permanencia de un instrumento de evaluación que debería superarse. Pero, en todos los casos, hay que reconocer que con un examen escrito, como suele ser habitual, nunca se valora la comunicación oral (por citar un contenido concreto del currículum), ni las actitudes ante las situaciones actuales de la sociedad, ni el desarrollo emocional o afectivo, ni la adquisición de múltiples competencias que escapan a esa situación (autonomía personal, aprender a aprender, manejo digital, formación plástica y musical…) y que constituyen lo esencial del desenvolvimiento personal, tanto enfocado desde una perspectiva individual, como laboral o social.

Desde el enfoque docente, hay que afirmar, además, que la evaluación continua exige rigor y sistematicidad en la enseñanza, atención permanente a la evolución del aprendizaje de cada estudiante, valoración habitual de qué y cómo se aprende, ajustes habituales en la programación para adecuarla a las características del grupo; en definitiva, una planificación educativa de mayor calidad que, con seguridad, redundará en mejores resultados para todos.

Madrid, 31 de enero de 2019

LA EVALUACIÓN, COMO GUÍA PARA LA ENSEÑANZA

En estos últimos años se viene denominando la evaluación como "evaluación para aprender", en distintas formas, indicando que esta no debe aplicarse solamente para clasificar o calificar al alumnado (o las instituciones), o para señalar lo que se ha hecho mal, sin destacar lo que se hace bien, que suele ser la mayoría del trabajo realizado. En efecto, la mala imagen de la evaluación proviene, en buena parte, de que se enfoca a resaltar lo negativo, no valorando lo positivo de los aprendizajes o del funcionamiento institucional.

El mejor aprendizaje es, realmente, la finalidad que persigue todo sistema educativo. Y la evaluación debe colaborar –como el resto de elementos curriculares– a su consecución: un modelo de evaluación continua y formativa contribuirá con efectividad a conseguir progresos permanentes hacia el logro de las competencias y objetivos previstos para toda la población escolar.

Pero, al fin, enseñanza y aprendizaje son dos caras de una misma moneda. Difícilmente un buen modelo de enseñanza genera aprendizajes escasos o deficientes, al igual que será casi imposible que un modelo de enseñanza inadecuado derive en aprendizajes de alto nivel. Parece un razonamiento de sentido común.

Por ello, hay que plantear también una evaluación para enseñar, no solo para aprender; es decir, una evaluación que apoye y ayude a mejorar las prácticas docentes en las aulas, que resulte útil para la reflexión sobre la práctica, individual y de grupo, del profesorado, que sea un instrumento práctico en el que consolidar las actuaciones didácticas; en definitiva, una evaluación que favorezca la investigación-acción del magisterio y que promueva, por lo tanto, la mejora permanente de la docencia.

Para llevar a efecto este modelo evaluativo, hay que proyectarlo desde el inicio de la actividad, programando las técnicas más idóneas para la recogida de datos y contando con los instrumentos apropiados para ello.

Un ejemplo: si yo cuento con un registro como el que aparece en la imagen (lista de control o escala de valoración, ahora llamada "rúbrica") desde que comienzo el trabajo docente con mi alumnado, dispongo de una guía de lo que tengo que hacer durante un periodo determinado: tres meses o un año académico completo. En el primer caso, me servirá, además, para facilitar un informe de evaluación a las familias y al alumnado con todo tipo de detalles acerca de los aprendizajes alcanzados y, en el segundo, para evaluar a lo largo de un curso aspectos educativos que se irán consiguiendo paulatinamente: actitudes, competencias, procedimientos...

Figura 9: Modelo de lista de control para evaluar el tratamiento
        de la información y la competencia digital

Indicadores	Al. 1	Al. 2	Al. 3	Al. 4	Al. 5	Al. 6	Al. 7
Dominar el acceso a la información mediante las tecnologías referidas a esta competencia: – buscar información – obtener información – procesar información – comunicar información							
Utilizar fuentes de información variadas: – orales – impresas – audiovisuales – digitales – multimedia							
Dominar lenguajes específicos básicos: – textual – numérico – icónico – visual – gráfico – sonoro							
Manejar las pautas de decodificación de estos lenguajes							

Fuente: Casanova (2012). *La evaluación de competencias básicas*. Madrid: La Muralla, p. 167.

En cualquier caso, desde el momento en que me planteo lo que quiero que mi alumnado logre en un plazo de tiempo determinado, no tengo más que seguir la guía elaborada y recogida en ese registro. Me indica los objetivos perseguidos, los tipos de actividades que debo plantear para conseguirlos, los recursos que voy a necesitar, la secuencia ordenada de presentación… Es una hipótesis de trabajo sistemática (como toda programación) que se irá confirmando durante su aplicación o que habrá que modificar a la vista de los resultados parciales ya valorados.

Así, mediante una evaluación bien planteada dentro del sistema educativo, esta resulta útil no solo para que aprendan los alumnos, sino para que aprendamos todos, también los docentes. Sirve para aprender y para enseñar mejor, perfeccionando día a día la metodología empleada, las actividades y recursos didácticos utilizados, las estrategias seleccionadas en cada caso…

Entiendo que ese es el papel que debe jugar la evaluación dentro del diseño curricular y que constituye un error importante aplicarla solo para "comprobar", "clasificar", "calificar", "excluir"…, conceptos y términos que no debieran aparecer en la educación obligatoria e inclusiva. El objetivo inaplazable es construir un modelo evaluador que incluya a todos y considere las potencialidades de cada uno, que favorezca el ajuste del sistema al niño y que no obligue a la continua exigencia de que este se adapte a un sistema rígido de enseñanza. Flexibilidad y accesibilidad del currículum requieren de una evaluación que aporte apoyos decisivos al profesorado para que pueda ejercer sus funciones del mejor modo posible.

Madrid, 17 de febrero de 2019

EVALUACIÓN DE APRENDIZAJES EN CONTEXTOS INCLUSIVOS

Uno de los retos fundamentales que se plantea la educación institucional en la actualidad es mejorar su calidad, sin duda, considerando las características sociales en que nos desenvolvemos y los avances científicos y tecnológicos que se multiplican aceleradamente.

Esta afirmación es algo aceptado de modo general, si bien las opciones que se ofrecen desde las Administraciones educativas no aciertan a dar con la clave del cambio, de la innovación imprescindible en el sistema para conseguir una modificación de enfoque, de actitud en los docentes y en el alumnado e, incluso, de las familias, que lleve a abordar de forma inequívoca esa superación de la realidad en las aulas que pesa como una losa ante los avances necesarios e impide aligerar y promover el aprendizaje de forma atractiva y comprometida.

Son múltiples los factores que inciden en esta situación, sin duda: carga excesiva de conocimientos en los programas, metodologías obsoletas, escasez y desactualización en los recursos didácticos, excesivo número de alumnos por aula, organización rígida en los grupos…, que derivan en la falta de interés evidente por parte de los estudiantes hacia su propia formación y, en consecuencia, desapego personal para trabajar con profundidad en su crecimiento.

No he citado los modelos de evaluación aplicados, porque es el tema que abordo en este artículo y que, sin duda, resulta una de las claves fundamentales para que "algo" cambie en la escuela. Si continuamos basando la evaluación en pruebas puntuales (exámenes) de carácter escrito, seguiremos manteniendo el mismo sistema de enseñanza que se encuentra establecido (y bien asegurado, como si fuera imposible desterrarlo) secularmente.

En cualquier sistema institucional de educación, la evaluación dirige (explícita e implícitamente) los procesos internos que se producen en el mismo. En función de cómo evaluamos, así organizamos la enseñanza, pues esta, en definitiva, pretenderá que el alumnado supere las evaluaciones a las que será sometido a lo largo de los años de escolarización. La evaluación se convierte, de este modo, en el objetivo del sistema, desbancando a la adquisición de competencias para la vida o de aprendizajes imprescindibles que deberían ser las metas que dirigieran los pasos de todo docente, de las familias y de la sociedad en general. Por desgracia, se olvida con demasiada facilidad la verdadera finalidad de la educación, para sustituirla por ir aprobando materias curriculares año a año, independientemente de que se aprenda o no. Lo importante es aprender a aprobar, no aprender a aprender. Lo vemos todos los días en las escuelas y, al fin, es lo que se percibe en los ambientes relacionados con la enseñanza (Administración, Profesorado, Orientación, Supervisión, Alumnado, Familias…): enfocan sus actuaciones a conseguir superar (aprobar) los campos de formación establecidos, al margen de cómo se consigan estos resultados, ya que, en muchos casos, se memorizan los conocimientos mínimos y, una vez pasado el examen, se olvidan sin mayor problema para nadie. De este modo, se aprende poco o nada, pero se consiguen los títulos correspondientes.

Desde mi punto de vista, no es ese el fin de la educación. Hay que lograr interesar y comprometer al alumnado y a toda la sociedad para conseguir ciudadanos con competencias adecuadas a la sociedad actual, que les permitan incorporarse a ella dignamente y, a la vez, mejorarla sustancialmente en la igualdad de derechos y oportunidades para sus miembros. Personal, profesional y socialmente, ganaremos todos.

Por ello, resulta urgente cambiar los modos de evaluar en las aulas. La evaluación debe constituir un elemento curricular poderoso para mejorar los aprendizajes y los procesos de enseñanza, no para clasificar a la población o para segregar a las personas "diferentes" que no encajan a la perfección en ese "alumno medio" para el que todo se prepara. Nadie aceptaría que una fábrica hiciera autos de los cuales solo fueran a funcionar el 50 o el 60%. La evaluación como proceso de perfeccionamiento será una de las claves importantes del cambio de los sistemas educativos.

Si esto es así en modelos sistémicos de todo tipo, más aún lo es cuando la educación inclusiva rige legalmente en los mismos, como es el caso de México o de España. ¿Qué pretende la educación inclusiva? Flexibilizar el sistema en sus elementos procesuales para convertir en accesible un diseño curricular al que la población escolar tiene derecho. No es al niño al que hay que reconvertir y retorcer para adaptarlo al sistema: es el sistema el que debe adecuarse a la forma de aprender del niño, en función de sus capacidades y talentos. Y como cada niño o niña es diferente a otro, la educación inclusiva tiene que ser esencialmente personalizada, sobre todo mediante la implementación de diversas estrategias metodológicas y organizativas y de un modelo de evaluación continuo y formativo, es decir, que colabore en el conocimiento del alumnado y permita ir ajustando las actividades propuestas por el docente al estilo y ritmo de aprendizaje del estudiante, al igual que a sus talentos y posibilidades particulares.

Desde este punto de vista, entiendo que la educación inclusiva debe ofrecer respuestas singulares al alumnado y, para ello, debe contar con la evaluación como apoyo indudable para conseguirlo. ¿Cómo definiríamos esta evaluación? Como un proceso de obtención sistemática y rigurosa de datos acerca de cómo se producen los procesos de enseñanza y aprendizaje, que permite conocer y valorar cada paso de los mismos para ir ajustando el modo de enseñar a la forma de aprender de cada estudiante, alcanzando así los mejores resultados, consistentes en el desarrollo de las capacidades individuales y la adquisición de las competencias imprescindibles para incorporarse a la sociedad dignamente, contribuyendo a la superación de las desigualdades y a la convivencia en la diversidad.

Es una concepción de la evaluación que la equipara con el resto de elementos curriculares (competencias, propósitos, metodología), tendentes en su conjunto al desarrollo óptimo de la persona, tanto en sus facetas individuales como en las sociales, tan importantes en los sistemas democráticos de gobierno.

Evaluación continua y formativa y educación inclusiva constituyen dos caras de un modelo escolar imprescindible en nuestro tiempo. Difícilmente implementaremos de manera generalizada la educación inclusiva si no cambia radicalmente la forma de evaluar mediante exámenes (rígidos y homogeneizantes), casi como instrumento exclusivo. La metodología de la evaluación debe asumirse en toda su amplitud, siendo utilizada en el aula como herramienta clave para la innovación y la atención a la diversidad en la escuela.

México, enero-abril 2019

DEL EXAMEN A LA CALIFICACIÓN

Después de invocar la necesidad de que las familias dispongan de una información/formación de carácter pedagógico, suficiente para interpretar de manera adecuada la actuación docente en los distintos Centros educativos, insistiré en que esta favorecerá la racionalidad del modelo de evaluación continua de competencias y aprendizajes, por encima de la práctica manida y obsoleta de los traídos y llevados exámenes, casi como único procedimiento de evaluación en muchos casos, desgraciadamente demasiado frecuentes.

Cuando hablamos de evaluación continua, no nos referimos a exámenes continuos, como algunos interpretan automáticamente. El examen siempre consiste en una prueba puntual, escrita generalmente, que quiere recoger la información acumulada por el alumnado durante un periodo determinado de tiempo. Pero por su misma naturaleza, no garantiza un apropiado aprendizaje, sino una buena memorización, al menos hasta ese momento crucial. Después, ya sabemos que olvidamos de inmediato la mayoría de lo retenido con la finalidad de soltarlo cuando fue necesario. Evidentemente, no valora muchos de los aspectos más importantes de una buena educación, como pueden ser los valores, las actitudes, el conjunto de procedimientos dominados, determinadas competencias, nivel de cooperación y colaboración, respeto a las diferencias..., sino que debe restringirse a lo que sea posible reflejar en un papel y en un tiempo restringido. Por otro lado, contenidos esenciales en un sistema democrático, como puede ser la comunicación oral, quedan al margen de esta demostración, lo cual deriva en el poco o nulo tiempo que se le dedica a lo largo de las sesiones de trabajo en el aula.

Y ese es un inconveniente importante de un sistema educativo que se basa en la evaluación a través de exámenes: que lo que repercute en la opinión social es ese resultado final relativo a memorizaciones parciales de los aprendizajes previstos y que ese dato es el que

se destaca. Y lo que no se evalúa, desaparece, de hecho, de la educación. Ese es el problema mayor del planteamiento incorrecto de la
evaluación en los últimos años: que se dejan de valorar factores esenciales para la formación de la ciudadanía de nuestro siglo, mientras
que se trabaja, o se pierde el tiempo, en retenciones de información
que, ahora, están a nuestro alcance con un clic.

La evaluación continua permite recoger datos de forma permanente acerca de todo cuanto el alumnado realiza a diario en las aulas, para lo cual no hace falta examinar, sino proponer actividades
interesantes y significativas, observar, conversar, preguntar, participar..., en definitiva, practicar un estilo de convivencia que favorezca
aprendizajes reales, bien asumidos e interiorizados y, además, trans-
feribles a nuevas situaciones; es decir, promover competencias para
la vida actual y futura en todos sus órdenes −personal, laboral, so-
cial−, permitiendo ajustar las disfunciones que puedan presentarse
durante el proceso, pues para eso sirve la disposición de datos continuada. Creo que no cabe duda acerca de la conveniencia de aplicar
esta metodología de evaluación sobre otras obsoletas, quizá válidas
en otros momentos sociales, pero, evidentemente, sin mucho sentido
en el actual.

Admitamos ahora que el profesorado de Secundaria, por ejemplo, que atiende a doscientos alumnos, argumenta que necesita utilizar el examen como instrumento para corroborar la adquisición
de determinados aprendizajes conceptuales básicos por parte de su
alumnado. De acuerdo. El examen o cualquier otra prueba del mismo tipo puede ser aplicada como uno más de los diferentes instrumentos a disposición del docente. Pero convengamos en que lo que
no resulta admisible es que la única fuente de información para llegar a la calificación sea ese examen. Eso es lo grave de la situación:
que se pase directamente la "nota" del examen a la calificación definitiva del alumno en la materia correspondiente. Sin considerar para
nada el resto de competencias o aprendizajes alcanzados, además de
los demostrados en la prueba escrita.

Si se recurre al examen como instrumento, el resultado obtenido
a través del mismo habrá que sumarlo a los demás datos que se hayan alcanzado por evaluación continua a lo largo del periodo evaluado. Pero nunca como único elemento de comprobación, dado que,

como ya ha quedado puesto de manifiesto, quizá quede sin valorar lo más importante del proceso educativo. Recordemos que educar no es solo instruir.

No es más difícil evaluar mediante otras técnicas e instrumentos evaluativos. Simplemente hay que cambiar la concepción de la evaluación que se viene manejando tradicionalmente y organizar la enseñanza partiendo de otro modelo que permita valorar el conjunto de actuaciones que se llevan a cabo en las aulas de modo habitual. Hay que diversificar la metodología, "mover" la organización en el centro y en los grupos y, así, evaluar permanentemente el trabajo individual y cooperativo del alumnado. Y, por supuesto, también del profesorado. Será un enfoque de evaluación que permitirá mejorar los procesos y, en consecuencia, los resultados. Además –lo más importante–, incorporará la evaluación como elemento curricular fundamental que permitirá atender a la diversidad, es decir, poner en práctica la educación inclusiva, valorando lo que hace cada persona en función de sus posibilidades y favoreciendo la realización de actividades variadas que contribuyan al trabajo común.

Utilizar el examen como sinónimo de evaluación es un error absoluto y peligroso. En todo caso, se podrá aplicar como complemento en determinadas ocasiones, bien justificadas. Y, desde luego, nunca como único factor de decisión para "calificar" a una persona, que con seguridad ha aprendido mucho más que lo que haya podido demostrar en dos horas cada tres meses.

Transformar la evaluación supone cambiar los procesos de enseñanza y aprendizaje: positivos para el perfeccionamiento en servicio del profesorado (investigación-acción) y para el alumnado, que ve reconocido su esfuerzo diario y su progreso real.

Ya es tiempo de que se implementen los avances que todos reconocemos, al menos teóricamente. Solo falta el paso decisivo de hacerlos llegar al aula para beneficio de la educación de nuestra población escolar.

Madrid, 28 de marzo de 2019

¿SEGUIMOS "REPITIENDO" PARA MEJORAR LA EDUCACIÓN?

Aprovechando la fecha de final de curso en la que aparece este artículo, el tema que planteo puede ser una buena reflexión de cara a la toma de decisiones en cuanto a la conveniencia de que algún alumno o alumna "repita" en el próximo, a la vista de los resultados de aprendizaje insuficientes que haya alcanzado hasta ahora.

Vayan por delante los datos "objetivos" de que disponemos estadísticamente, presentados en el Informe: "Desigualdad territorial en educación y gestión de las competencias por la Comunidades Autónomas", de FIDEAS[1], el pasado 22 de mayo. La tasa media de repetición del alumnado en España es del 14,3% en Educación Primaria y del 31,4% en Educación Secundaria Obligatoria. Es decir, que, por unas u otras causas, esos alumnos vuelven a hacer lo mismo que hicieron el año anterior, esperando que con esa medida se arregle todo lo que no funcionó hasta el momento.

No obstante, hay que señalar que entre unas Comunidades Autónomas y otras hay diferencias significativas. Sin dar "nombres" (que están disponibles en el Informe citado), digamos que la diferencia en Primaria oscila desde el 7,5%, en la que menos, hasta el 18,3%, en la que más. Impresentable. Pasando a Secundaria Obligatoria, la Comunidad que sale mejor parada lo hace con un índice de repetición del 20,8%, llegando al 35,9% la que peor resultado tiene. También impresentable, partiendo de la base de que estamos refiriéndonos a dos etapas de educación que son obligatorias. ¿Para qué "obligamos" a estar en ellas? ¿Para hacer siempre lo mismo con resultados insatisfactorios? ¿O para buscar soluciones eficaces y que nuestro alumnado aprenda cada día mejor y se capacite para incorporarse a la sociedad en buenas condiciones de éxito, personal y profesional?

---

[1] Fundación Investigación, Desarrollo de Estudios y Actuaciones Sociales.

Creo que este es un dato que debería preocupar y ocupar a las Administraciones educativas de España. A todas sin excepción, ya que un niño o adolescente que cursa su educación obligatoria nunca debería "repetir" nada, sobre todo cuando hay constancia de su escaso beneficio. En todo caso, podría o debería permanecer un año más en el grado en el que ha estado durante un curso académico, pero no para hacer lo mismo, sino para seguir aprendiendo, es decir, para avanzar en sus competencias y conocimientos mediante diferentes estrategias metodológicas, fundamentalmente. Pero, como es obvio, algo habrá que cambiar si los procedimientos anteriores no han funcionado como se esperaba. Evidentemente, siempre pueden existir situaciones excepcionales, como es una enfermedad larga, alguna intervención importante, un cambio de residencia…, que justificarían plenamente esa permanencia del alumno en el mismo grado, por supuesto, pero ya se entiende que los porcentajes que hemos presentado no responden a estas circunstancias.

Por otro lado, hay que destacar el papel que cumple el modelo de evaluación para que se produzcan estos porcentajes de repetición, que en etapas no obligatoria llevan al abandono. Si se sigue valorando el aprendizaje mediante el examen como medio exclusivo para comprobar el avance del alumnado, no lo estaremos haciendo bien. El examen valora solo lo que puede, que, habitualmente, es la memorización de determinados conocimientos, aprendidos o solo memorizados, que luego suelen olvidarse (se olvidan, de hecho) porque ya cumplieron (o no) la función de aprobar. Pero esto no es evaluar la formación de una persona con la que el profesorado está todos los días. Será mejor realizar una evaluación continua de lo que va haciendo habitualmente en el aula, a lo largo de todo el año, de modo que sea posible valorar no solo lo que memoriza, sino también los aprendizajes que ha incorporado a su vida, las actitudes ante sí mismo y ante los demás, los procedimientos para seguir aprendiendo que ha adquirido…, y un enorme cúmulo de formación en todos los órdenes de la vida que suelen ser más importantes que la mera repetición literal de lo que dice un libro o un maestro.

Me he referido a las Administraciones, porque pueden tomar medidas a partir de las cifras arriba señaladas, que resultan indicadores importantes, pero que no explican lo que está ocurriendo en los centros docentes. Después de disponer del dato, hay que investigar qué está pasando para continuar con los índices existentes, que no conducen a nada bueno para la calidad de nuestro sistema educativo. España es uno de los países de la OCDE[2] en los que la tasa de repetición es más alta, mostrando, además, un claro sesgo social: se da en mayor medida en los centros públicos y en las clases sociales desfavorecidas culturalmente. Si aparece en la Educación Primaria, es un pronóstico fijo de futuros problemas de aprendizaje en Educación Secundaria.

Otra razón de peso para la actuación inmediata de las Administraciones: las diferencias mostradas entre las Comunidades Autónomas suponen una clara desigualdad de oportunidades para la población, que no es responsable de haber nacido o residir en unas y no en otras. Todo el alumnado tiene el mismo derecho a una educación de calidad y los datos que se presentan son el más claro exponente de que este derecho se está lesionando.

Por otra parte, hay que insistir en que la flexibilidad del sistema favorece el éxito escolar, pues permite adecuar la enseñanza a los tiempos y estilos de aprendizaje del alumnado. Un dato objetivo: en el primer año de la implantación de la LOMCE (2015-2016), con la supresión del ciclo como unidad curricular y organizativa en la Primaria −tres ciclos de dos años− y la estructura por cursos −seis en total−, se incrementó la repetición en un 49% con respecto al curso anterior. Conclusión: cuando se introducen elementos de rigidez en el sistema, se deteriora su funcionamiento. Lo mismo ocurre con el establecimiento de tantas pruebas de evaluación externas, que, como ya hemos comentado en otras ocasiones, suponen la dedicación de demasiado tiempo para entrenar al alumnado en su superación, en vez de dedicarlo a la adquisición de competencias y nuevos aprendizajes.

Una consideración final, ante la necesidad de eliminar las tasas de repetición. En ocasiones, alumnos que "suspenden" en nuestro sistema, "aprueban" cuando se aplica PISA. Paradójico, ¿no? Quizá no estemos teniendo en cuenta lo que debemos. PISA valora competencias, mientras que nosotros seguimos centrándonos en la memorización de conocimiento.

---

[2] Organización para la Cooperación y el Desarrollo Económicos.

Termino con una frase conocida de Stefen Covey: "Si seguimos haciendo lo que estamos haciendo, seguiremos consiguiendo lo que estamos consiguiendo". Algo habrá que cambiar, ¿no? El profesorado puede comenzar ya, sin necesidad de nueva legislación, a trabajar con diversas estrategias metodológicas que atiendan a las peculiaridades de su alumnado y, en consecuencia, a evaluar coherentemente todo lo que el estudiante aprende cada día. La Administración, estatal y autonómica, debe investigar cómo se puede acometer eficazmente esta situación y poner en marcha medidas que eliminen las diferencias territoriales y la repetición inútil y traumática del alumnado.

Madrid, 17 de junio de 2019

ASÍ NO MEJORAREMOS EN PISA

Sin entrar en las irregularidades que parecen haberse producido en España, en el último estudio de PISA, relacionadas especialmente con la comprensión lectora (no dispongo de datos suficientes como para opinar con cierto rigor), y cuyos resultados acaban de darse a la luz, sí me interesa destacar el proceso que se viene siguiendo en las reformas/cambios de nuestro sistema educativo, casi siempre encaminadas a mejorar en la prueba PISA y que, por lo visto, no solo no se logra, sino que los estudiantes parecen haber empeorado.

Desde la implantación de la LOMCE he publicado diferentes artículos comentando las incoherencias que se dan en su texto, pues manteniendo principios válidos de modelo educativo (como el de educación inclusiva o evaluación continua, por ejemplo), luego los contradice con medidas que, en la práctica, hacen imposible su cumplimiento o, al menos, lo dificultan en gran manera. Lo mismo ocurre si se compara el texto de la Ley con sus Decretos de desarrollo. Incluso pareciera, en determinados casos, que quienes han elaborado los decretos curriculares no dominaran suficientemente la teoría básica de diseño curricular. Un ejemplo: se proponen objetivos para las etapas educativas, con el fin de saber si el sistema se encamina acertadamente hacia el logro de las competencias y las metas de la educación por parte del alumnado; es decir, para poder evaluar los resultados específicos de aprendizaje. Pero estos objetivos desaparecen en las materias/áreas curriculares, con lo cual se hace imposible esa evaluación. Eso sí: aparecen criterios de evaluación y numerosos estándares de aprendizaje que nos retrotraen a los años 50 del pasado siglo. Y todo ello para evaluar, ¿qué, si no hay objetivos que cumplir?

Podríamos seguir hasta el infinito desgranando el articulado de la Ley y su desarrollo. Pero paso al comentario en el que quiero centrarme, que es la incoherencia que repercute directamente en los resultados en PISA.

Tal y como se plantea PISA, esta pretende evaluar las competencias alcanzadas por los estudiantes, antes de finalizar su educación obligatoria. En el último estudio se evaluaban las competencias de comprensión lectora, matemáticas y ciencias. Dado que en pruebas anteriores no se lograban los resultados deseados en España, la LOMCE decide que para mejorarlos lo más útil es multiplicar los exámenes externos, reimplantar los cursos en Primaria (con la necesidad de promocionar 5 veces en lugar de 2, cuando esta etapa se organizaba en ciclos), desagregar algunas áreas en asignaturas o recuperar el examen final de etapa para el alumnado que ya la tenía aprobada por evaluación continua, que es la que, por otra parte, mantiene la Ley.

En consecuencia, la repercusión en las aulas de estas medidas (desafortunadas, desde mi punto de vista) es que el profesorado no sabe si centrarse en que sus alumnos consigan las competencias necesarias para la vida en esta sociedad o dedicarse a entrenarlos para que superen esas pruebas externas basadas en los estándares establecidos, fomentando así la memorización y la repetición de conocimientos, en lugar del desarrollo del razonamiento y la consecución de la competencia correspondiente. Además, desde Primaria se vuelve a implantar la promoción año a año, lo cual añade rigidez al sistema (inclusivo por definición, pero no por práctica) y obliga a que algunos niños deban "repetir", cosa que no hubiera sido necesaria si se les hubiera dado otro año para dominar las competencias adecuadas. Si también deben "estudiar" materias estrechamente relacionadas con otras (social y natural, por ejemplo: conocimiento del medio) de forma desagregada, se dificulta enormemente su comprensión y, sobre todo, se desincentiva el interés por su aprendizaje y la conveniencia de alcanzar valores específicos en esos campos.

El colofón de todo el proceso de evaluación continua durante diez años de educación obligatoria lo ponía la denominada "reválida", que debían superar los alumnos ya aprobados.

Es decir, que el remedio que propuso la Administración para mejorar en PISA estuvo enfocado hacia más exámenes y, por lo tanto, redundar en más memorización y academicismo. Exactamente lo contrario a lo que evalúa la prueba internacional, que intenta valorar el razonamiento, la comprensión, la creatividad, la capacidad de relación, etc. Así, era claro que los resultados no mejorarían, sino que irían a peor con seguridad casi absoluta.

Para mejorar en comprensión lectora hay que leer y comentar textos de diferente índole, debatir, resumir, ampliar, organizar coloquios… Para adquirir competencias matemáticas y científicas hay que razonar, resolver problemas, tomar decisiones ante situaciones nuevas, manipular, trabajar en equipos, buscar información, discutir, llevar a cabo proyectos e investigaciones… Esto son solo cuatro ideas que cualquier buen profesor sabe y realiza con sus grupos. Añadiendo, por supuesto, muchas más actividades de carácter interdisciplinar que favorecen el enriquecimiento, el mejor entendimiento y dominio de las competencias aludidas: música, plástica, lengua y literatura, ciencias sociales, idiomas, educación física, informática…, todo lo que comprende un diseño curricular completo que deriva en la educación integral de la persona. No es posible desgajar el conocimiento, de manera que no interese a nadie lo que ocurre por separado, ya que no se entiende nada, aunque se repiten los mismos conceptos curso a curso. Relacionar los hechos estimula la curiosidad, motor del conocimiento. Es imprescindible despertar el interés y eso no se consigue con exámenes y memorización, sino con la propuesta de trabajos atractivos que incorporen múltiples enfoques para que cada estudiante pueda aportar su talento específico al saber de todos.

Es imprescindible desarrollar un mejor razonamiento y, por lo tanto, una mejor lectura comprensiva. Se necesita tiempo para trabajar metodológicamente de un modo diversificado y adaptado a los ritmos y estilos de aprendizaje del alumnado. Flexibilizar horarios, agrupamientos, organización del centro en general… Hay que acometer un modelo educativo que permita y favorezca el dominio adecuado de las competencias clave, dado que estas parten del estudio DeSeCo[1], avalado internacionalmente, y que parecen las apropiadas para salir adelante en nuestro mundo.

No es presentable seguir con prácticas obsoletas que no interesan a nadie y no responden a las exigencias de este tiempo. Así nos lo

---

[1] Definición y Selección de Competencias.

dice PISA (con todo lo mejorable que, sin duda, pueda ser la prueba), que tanto gusta a las Administraciones, pero que luego no son
capaces —o no saben cómo hacerlo— de adoptar las medidas requeri-
das para ajustarse a sus planteamientos.

Madrid, 19 de diciembre de 2019

REFORMAR LA EVALUACIÓN PARA
REFORMAR LA ENSEÑANZA

Ante la reciente aparición de una nueva Ley de Educación, que modifica significativamente algunos aspectos de la anterior, cabe reflexionar sobre los nuevos contenidos que se matizan o incorporan como novedad.

Por lo que se refiere a la evaluación de aprendizajes, en concreto, creo que se puede afirmar que desde la Ley 14/1970, de 4 de agosto, general de educación y financiamiento de la reforma educativa, el enfoque que se marca legalmente para su aplicación es el de una evaluación continua y de carácter formativo, que no ha variado a lo largo de las siguientes leyes publicadas hasta 2021, incluida la actual que comentamos.

En concreto, la LOMLOE[1], al referirse a la evaluación en Educación Primaria, establece: "La evaluación del alumnado será continua y global y tendrá en cuenta su progreso en el conjunto de los procesos de aprendizaje". Y para la Educación Secundaria Obligatoria: "La evaluación del proceso de aprendizaje de los alumnos y alumnas de educación secundaria obligatoria será continua, formativa e integradora". Por lo tanto, no hay novedad en lo regulado hasta el momento.

¿Por qué fijarnos, entonces, en la evaluación como factor importante de la nueva Ley? Porque lo que se echa en falta, desde hace ya demasiado tiempo, es que este planteamiento se haga realidad en las aulas. Pareciera, en muchos casos, que la evaluación continua se identifica con los exámenes continuos y no es, precisamente, ese el espíritu que llevó a los legisladores a incorporarla al sistema en 1970, ni, espero, sea tampoco el de los que la mantienen en la actualidad.

Todos de acuerdo en la teoría, pero las dificultades para practicarla parecen insalvables, aunque, por suerte, está demostrada su

[1] Ley Orgánica 3/2020, de 29 de diciembre, por la que se modifica la Ley Orgánica 2/2006, de Educación.

viabilidad y su provecho en muchos Centros que la llevan a cabo con gran profesionalidad y con enormes beneficios para su alumnado, que reciben los apoyos precisos a lo largo de su proceso de aprendizaje en función de lo detectado mediante esa evaluación continua (dificultades o ventajas en aspectos determinados) y, en consecuencia, pueden seguir adelante con éxito hasta alcanzar las competencias previstas por el sistema, tanto para su beneficio individual como para su aportación a la sociedad.

El reto se encuentra, por lo tanto, en encontrar las vías para conseguir que el modelo de evaluación continua, formativa, integradora…, llegue a las aulas y favorezca el aprendizaje personalizado de cada alumno y alumna que se está formando. Es un desafío que, si no se logra, derivará en enormes dificultades para que la LOMLOE cumpla con sus objetivos de alcanzar la equidad y la calidad para todos, atendiendo a la diversidad discente en un marco prioritario de educación inclusiva, que se marca como principio fundamental para el sistema.

¿Se atiende a las características personales del alumnado aplicando exámenes puntuales, escritos e iguales para todos, cada cierto tiempo? Evidentemente, no. Más bien el examen establece el mismo rasero para toda la población escolar —que recuerda a la cama de Procusto—, al que debe ajustarse con exactitud si quiere "aprobar" e incorporarse satisfactoriamente a una sociedad que, ahora mismo, ya no exige a sus ciudadanos lo que se cultiva con una educación basada en la memoria y el examen. También se puede recuperar la tira de Mafalda en la que la maestra pregunta: —Y el que no haya entendido, que levante la mano. Manolito, la levanta. —Veamos, Manolito, ¿qué es lo que no has entendido? Respuesta de Manolito: —Desde marzo hasta ahora, ¡nada! Esa es la situación real que se produce con el modelo academicista de evaluación, entiendo que totalmente inapropiado para nuestro tiempo. Estoy convencida, por ello, de que, si no cambia la aplicación del modelo evaluador, ni se conseguirán los fines de la actual Ley, ni la formación recibida será válida para la ciudadanía.

El tradicional modelo de evaluación encaja bien con una enseñanza que pretende, nada más (al menos, formalmente) que el alumnado adquiera unos conocimientos concretos, mediante unos métodos determinados, habitualmente basados en el estudio, la memorización y la repetición de los mismos. En definitiva, una evaluación academicista: -es simplista y reduccionista en cuanto a los resultados del aprendizaje; -favorece la comparación, la selección, la comprobación, la clasificación; -se sitúa al final de los procesos, lo cual impide tomar medidas de mejora en el momento oportuno; -tiende a homogeneizar a la población; -suele utilizar el número como expresión de los resultados, por lo que no ofrece información acerca de los aprendizajes alcanzados o no.

Aplicando un modelo de evaluación formativa y, por lo tanto, continua, puede afirmarse que: -favorece la descripción cualitativa de los aprendizajes; -evita el número para eliminar las comparaciones inadecuadas; -fomenta la cooperación, no la competitividad; -promueve la autoevaluación; -propicia el desarrollo de la autonomía personal y la competencia de aprender a aprender; -facilita la colaboración de las familias con la escuela en la educación del alumnado. En definitiva, colabora positivamente en la consecución de la educación inclusiva, favoreciendo el conocimiento personal del alumnado y permitiendo adecuar el modo de enseñar su modo de aprender; es decir, adecuando el sistema al alumno y no insistiendo en que siempre sea este el que deba adaptarse al sistema.

Si cambia la evaluación, cambiará la metodología, pues no es posible valorar en un examen las actitudes, competencias o, incluso, objetivos relacionados con contenidos imposibles de evaluar por escrito (por ejemplo, la comunicación oral). Será obligado utilizar estrategias metodológicas activas, cooperativas, interdisciplinares, comprensivas…, que den sentido al aprendizaje, es decir, que deriven en aprendizajes reales, no de los que desaparecen entre junio y septiembre. Se trata, simplemente, de dar coherencia al diseño curricular, pues sus elementos (competencias, objetivos, contenidos, metodología y evaluación) deberán coordinarse para contribuir, todos, al logro de las metas educativas propuestas.

¿Y si desaparecieran los exámenes? Habría que buscar la metodología de la evaluación que permitiera valorar los avances y dificultades del alumnado. Se puede hacer y se hace. Disponemos de técnicas para la recogida de datos, como la observación, la entrevista, la encuesta, la sociometría, la fotovoz, etc.; también de técnicas para el análisis de los datos obtenidos: la triangulación y el análisis de contenido; y, por supuesto, múltiples tipos de registro donde anotar los resultados que se van alcanzando: anecdotario, sociograma, lista de control, escala de valoración descriptiva (rúbrica), cuestionario, fotografía, grabación en audio o vídeo… ¿Dejamos el examen (cuestionario de aprendizaje) para la educación secundaria? De acuerdo, pero siendo conscientes de lo que se puede evaluar con él y, además, considerando la información obtenida como un dato más que añadir a los ya conseguidos por las otras técnicas aplicadas.

Si reformamos la evaluación de una vez por todas, reformaremos la enseñanza, centrándola en el aprendizaje real de cada uno de los alumnos y alumnas que tenemos como responsabilidad docente, para que puedan acceder a la sociedad con igualdad de oportunidades.

Para finalizar estos comentarios, quiero referirme a la evaluación general del sistema educativo (al finalizar primaria y secundaria obligatoria) y a las evaluaciones de diagnóstico (en cuarto de educación primaria y segundo de educación secundaria obligatoria), que se mantienen con nueva redacción. Es importante destacar, en la línea que mantenemos, que ambas evaluaciones también se formulan con funcionalidad formativa, es decir, como obtención de datos relevantes de la marcha del sistema que permita introducir las mejoras oportunas para que los resultados finales sean los deseados. Se cita, en las evaluaciones del sistema, muestrales y plurianuales, referidas a las competencias adquiridas por el alumnado, que tendrán carácter informativo, formativo y orientador para los centros e informativo para el alumnado, sus familias y el conjunto de la comunidad educativa. Las evaluaciones de diagnóstico tendrán carácter formativo e interno, que tenderán, igualmente, a la mejora específica de los procesos de enseñanza y aprendizaje en cada centro, con tiempo suficiente para conseguir encauzar las disfunciones que hubieran podido aparecer.

Mantenemos la confianza en que, desde las Administraciones educativas, y en especial a través de la inspección de educación, pueda llegarse a implementar la evaluación que, desde hace cincuenta años, está recogida en nuestra legislación. Con la seguridad de que este cambio repercutirá de modo efectivo en la calidad y equidad del sistema.

Madrid, enero-febrero 2021

LA HISTORIA INTERMINABLE: UNA NUEVA LEY Y OTRA VEZ A VUELTAS CON LA EVALUACIÓN

LA EVALUACIÓN, CABALLO DE BATALLA DEL SISTEMA

Evidentemente, como se viene demostrando año tras año y ley tras ley, la evaluación sigue siendo el caballo de batalla del sistema educativo, que parece girar en torno a su modo de aplicación y, por supuesto, a las consecuencias que derivan de sus resultados. Repeticiones de curso, suspensos, promociones, titulaciones…, centran la atención no solo de los docentes, sino de toda la sociedad. Posiblemente nadie se haya leído la ley, pero todo el mundo opina acerca de lo buena o mala que va a ser para el futuro de la población.

Si se promociona con suspensos…, terminaremos todos analfabetos, que es lo que se quiere, por lo visto.

Pero, desde un punto de vista profesional, creo que estamos obligados a reflexionar de un modo más sistemático, más riguroso, sobre cómo se llega a esas conclusiones desde la Administración y cómo se impacta en los medios de comunicación (influyentes y poderosos manipuladores de la información) y en la sociedad, para que nadie se pare a pensar en el porqué de determinadas decisiones.

Las interpretaciones suelen ser, casi todas, malintencionadas: si se evitan las repeticiones, España asciende en el ránking mundial o europeo en la calidad de su educación. Y, para ello, lo mejor es que se pueda promocionar, aunque sea con suspensos. Es la solución perfecta y más fácil y rápida de conseguir, ¿no?

Pero hay que considerar que la evaluación responde —o debiera responder—, como cualquiera del resto de elementos curriculares, a la finalidad que se proponga el sistema educativo para su ciudadanía. Y el sistema educativo tiene que ofrecer respuestas válidas para la sociedad en la que se desarrolla. Como es obvio, la sociedad cambia aceleradamente debido a múltiples avances en numerosos campos del saber y del hacer, y, por lo tanto, la educación tiene que actualizarse a buen ritmo para no mantenerse permanentemente anticuada, como suele ocurrir. No puede ser que un niño retroceda cincuenta años cuando pisa la escuela, mientras que avance cinco años diarios cuando sale de ella.

Sociedad, diseño curricular y modelo de evaluación

Sigamos: la sociedad democrática y actual no tiene problemas de falta de información; todo lo contrario. Sufre de infoxicación permanente. Además, necesita personas participativas, dialogantes, colaboradoras y cooperantes y, por supuesto, con capacidad de autonomía para tomar decisiones vitales fundamentales y un pensamiento crítico a la altura de la fuerza de la manipulación y la presión de la avalancha de información que nos rodea.

Se precisa una persona, en definitiva, formada integralmente en todos los campos del conocimiento y de la expresión, de modo equilibrado, sin que el sistema educativo decida qué saberes son los importantes y los de segunda categoría. Como nos ha demostrado la etapa de confinamiento que hemos padecido, la música, la literatura, la plástica, la televisión, el teatro, el cine, la cocina, la educación física… han ayudado a sobrevivir a una población encerrada, que, por supuesto, no se ha dedicado a resolver ecuaciones de segundo grado ni a analizar sintácticamente frases prefabricadas para complicarnos la vida adecuadamente. No quiero quitar importancia a nada, pero de verdad "a nada".

En conclusión, necesitamos un sistema que ofrezca una formación completa a la persona para que pueda incorporarse a esta sociedad líquida y a la que viene, absolutamente incierta, en las mejores condiciones para poder disponer de un proyecto de vida propio, con las menores influencias no queridas provenientes de los distintos sectores que nos rodean y que no siempre coinciden con los que la población y cada persona necesita.

Un sistema educativo centrado en la repetición de textos —muchas veces incomprensibles para los niños— y de frases del profesorado, de forma literal, que luego deben volcar en un examen escrito, puntual, cada cierto tiempo ya determinado de antemano…, para olvidarlo casi todo a continuación, dejando el disco duro preparado para nuevos o reales aprendizajes…, no responde, evidentemente, al perfil ciudadano que hemos descrito en los párrafos anteriores.

En un sistema tradicional y academicista, la evaluación se limita a comprobar un resultado teórico, sin importarle demasiado si lo respondido implica un aprendizaje real, funcional, que el alumno puede aplicar en su vida diaria y que, también, le sirve para continuar avanzando, ya sea en una formación profesional o en los posteriores estudios universitarios. Si esos resultados no son los esperados, el alumno suspende y repite el curso, sin considerar si, efectivamente, ha podido adquirir, quizá, otros aprendizajes o competencias que sí le resultan relevantes para su vida. Aunque no sean los que marcan los cánones novecentistas.

No quiero exagerar la situación del párrafo anterior, porque, afortunadamente, hemos progresado bastante en metodología, en atención a la diversidad, en adecuaciones de contenidos al contexto…, pero, por desgracia, no se ha modificado la práctica de la evaluación lo suficiente como para que resulte coherente con los cambios curriculares ya citados.

Seguimos avanzando. Un diseño curricular desagregado en áreas o materias no favorece la comprensión de la historia y de la vida, globales por principio. Además, necesitamos personas competentes en distintos campos, ya definidos por las competencias clave, asumidas por la gran mayoría de países; esto significa que no necesitamos repetidores de conocimientos incomprensibles, sino ciudadanos con aprendizajes bien estructurados y asumidos, y capaces de aplicarlos a su quehacer diario, a su profesión, a sus estudios posteriores, a sus relaciones personales y a su propia autoestima, equilibrio emocional y proyecto de vida.

La coherencia necesaria entre objetivos sistémicos y modelo de evaluación

Un diseño curricular centrado en que el alumnado alcance las competencias clave no puede ser evaluado en un examen puntual y escrito, porque este procedimiento es incapaz de valorar lo conseguido realmente. Hay que determinar claramente los objetivos/competencias evaluables y, por lo tanto, hay que transformar la metodología de la evaluación. Hasta ahora, parece que cambian algunos factores curriculares relacionados con contenidos o metodología, pero no lo hace el modelo de evaluación. Se produce una incoherencia o disfunción entre lo que se quiere lograr y cómo comprobar su consecución, lo cual deriva en "suspensos" que no debieran ser tales si se evaluara lo que se debe.

    ¿Qué se evalúa y cómo se evalúa para que se produzcan tantos suspensos en nuestro sistema? En mi opinión, basada en la experiencia, es que, aunque se habla de evaluar competencias, lo que se sigue evaluando es la memorización de contenidos, casi siempre de carácter conceptual. Es decir, que se suspende porque un alumno no recuerda una fórmula química, una fecha de una batalla, una obra de determinado autor…, cuando lo que necesitamos es que se evalúe la posibilidad de ese alumno de aplicar en su vida lo que aprenda en el aula; es decir, el conocimiento aplicado, no memorizado para ser olvidado a renglón seguido. Metodologías activas, cooperativas, globales…, que respondan a proyectos interesantes que despierten la curiosidad y la motivación del alumnado y que se evalúen mediante la observación, la entrevista…, con registros continuados de las competencias que se van alcanzando y que permitan tomar decisiones inmediatas si se produce alguna disfunción o dificultad especial con alguno de los alumnos o alumnas.

    Si se implementara, de verdad, la evaluación continua de carácter formativo, sobre las competencias que van logrando los estudiantes…, ¿se producirían tantos suspensos? ¿Es posible que un alumno aprenda tan poco como para ser suspendido en sus aprendizajes básicos? ¿Habría que revisar el currículum, en este caso, por si no respondiera a lo importante y estuviera incidiendo en los aprendizajes teóricos de siempre?

    Hay que admitir que se producen circunstancias adversas en alumnado de entornos vulnerables que inciden directamente en su falta de motivación y, en consecuencia, que presente dificultades personales o contextuales que impidan el avance previsto, situaciones que requieren de apoyos específicos para que sea posible superarlas. Pero es un porcentaje que no supone ni un 25 ni un 30% de la población que, en este momento, puede quedarse sin su titulación de Secundaria Obligatoria, imprescindible en nuestra sociedad para manejarse en igualdad de oportunidades con toda la ciudadanía. ¡Qué menos se le puede pedir a un sistema que dote de estas competencias básicas a las jóvenes generaciones para que se incorporen a la sociedad en condiciones de justicia social!

Se suspende cuando no se debe y, además, se repite para hacer lo mismo que ya se ha comprobado que no funciona. Si hacemos lo mismo, seguiremos consiguiendo lo mismo (Covey). Es decir, para seguir reprobando. Así no se resuelve la situación persistente y negativa desde hace demasiados años.

¿PROMOCIONAR Y TITULAR CON SUSPENSOS?

La propuesta actual es que el alumno puede promocionar e incluso conseguir una titulación con un número de suspensos determinado. Planteamiento que ha generado rechazo y alarma social, tanto en el mundo docente como en la sociedad en general. Y, posiblemente, con razón. Porque la solución no está en repetir o en titular con suspensos, sino en que no se suspenda por planteamientos erróneos tanto en los objetivos educativos como en los procedimientos de evaluación.

Si trabajamos con profesionalidad en las aulas, un alumno que suspenda es que no ha adquirido las competencias necesarias para poder seguir adelante sin problema, por lo cual debe permanecer un año (o unos meses) más en el mismo curso, hasta que las consiga, pero no promocionar ni titular. Es decir, que quizá haya que poner el énfasis en la formación del profesorado, para que entienda lo que tiene que evaluar y cómo lo debe evaluar. Y si hay que suspender para que el alumno siga adelante en buenas condiciones, pues habrá que hacerlo.

¿PROMOVER EL ESFUERZO O EXAMINAR?

Otro caballo de batalla, también tradicional, es identificar la realización de exámenes con el estímulo del esfuerzo. Cuando se propone la eliminación de estos, parece que las calificaciones o titulaciones se van a regalar sin exigir la consecución de objetivos y competencias previstos en el sistema.

Pero cuando se pregunta al alumnado qué prefiere, si evaluación continua o examen, la respuesta mayoritaria es a favor del examen. ¿Nos preguntamos por qué?

Porque la evaluación continua requiere un esfuerzo diario y continuado para que el rendimiento y el resultado final sea valorado como positivo. Es obvio. Mientras que cuando ese resultado depende solo de un examen puntual cada mes o cada tres meses, el alumnado está acostumbrado a estudiar "lo que entra" en la prueba durante la semana anterior…, y resuelve la situación.

Se exige mucho más esfuerzo cuando se evalúa sin examen (o con este como complemento de otras informaciones recogidas a diario), cuando se hace mediante una metodología evaluadora permanente, procesual, cualitativa…, que está pendiente cada día del quehacer de cada alumno o alumna.

No titular con suspensos

Para terminar estas reflexiones de actualidad, desde mi punto de vista el planteamiento es que un alumno con suspensos no debe promocionar ni titular, pero siempre que esos suspensos respondan a que el alumno no haya alcanzado las competencias que va a precisar para vivir dignamente, no a que no haya memorizado un determinado conocimiento que va a olvidar a la semana siguiente al examen.

Confiemos en que el profesorado comprenda y asuma un enfoque correcto de su tarea docente, fundamental para el individuo y para la sociedad, y la educación institucional responda a los requisitos y exigencias que nos están solicitando desde todas las instancias profesionales.

Madrid, diciembre 2021

LA CALIFICACIÓN NUMÉRICA, ¿MEJORA LA CALIDAD DE LA EDUCACIÓN?

Con motivo de la publicación de los Reales Decretos que ordenan la Educación Secundaria Obligatoria y el Bachillerato se ha despertado una polémica en varios medios de comunicación (prensa, radio, televisión) en la que se denuncia que desaparecen los números de la calificación en la ESO, mientras que se mantienen en el Bachillerato, considerando un retroceso para la calidad educativa en el primer caso y felicitándose porque se mantenga en el segundo.

No se dan las razones en las que se fundamentan sus afirmaciones. Porque, realmente, ¿en qué mejora la calidad una calificación numérica? En cualquier caso, solamente es el reflejo final de un proceso de aprendizaje que ya no resuelve los problemas o dificultades que se hayan podido producir a lo largo de un periodo educativo. Nada más. Y tampoco ofrece información sobre esta problemática, por lo que no favorece que se pueda superar en el periodo siguiente.

No se sabe, por tanto, en qué mejora o empeora la calidad de la educación el otorgar un número al aprendizaje del alumnado, para que este sea defendido de forma tan radical.

Desde mi punto de vista personal y profesional, tanto las familias como el profesorado deberían exigir precisamente todo lo contrario a la hora de recibir información sobre el momento de aprendizaje en que se encuentra una alumna o alumno; es decir, solicitar un informe en que se le describa claramente lo que ha aprendido, las barreras que ha encontrado y que es preciso superar, los talentos que ha demostrado y que es necesario reforzar… En fin, una información completa acerca de cómo avanza su hijo/alumno, para poder seguir con cierta seguridad en su desarrollo de capacidades o talentos y en la adquisición de las competencias que nuestra sociedad requiere.

Pero eso no lo permite un número, ni una palabra. Hay que escribir un poco más para facilitar los datos importantes de la evaluación continua y promover la colaboración activa entre la familia y el centro al objeto de lograr una "buena educación" para nuestras jóvenes generaciones.

Examinemos un poco más despacio ambas propuestas.

El tradicional modelo de evaluación encaja bien con una enseñanza que pretende (al menos, formalmente) que el alumnado adquiera unos conocimientos concretos, mediante unos métodos determinados, habitualmente basados en el estudio, la memorización y la repetición de los mismos. En definitiva, un modelo de evaluación academicista, cuyos resultados se expresan numéricamente, que puede caracterizarse como:

- Es simplista y reduccionista en cuanto a los resultados del aprendizaje: un número no expresa todo lo que es capaz de aprender un estudiante.
- Favorece la comparación, la selección, la comprobación, la clasificación..., basadas en una cifra que no tiene el mismo significado en todos los casos. Todo depende del profesor que la emite, de las expectativas acerca del alumno, de los criterios seleccionados; datos que, por otra parte, no se explicitan en modo alguno.
- Se sitúa al final de los procesos, lo cual impide tomar medidas de mejora en el momento oportuno.
- Tiende a homogeneizar a la población, al aplicar la misma prueba para todos, sin considerar las peculiaridades de cada alumno.
- Utiliza el número como expresión de los resultados, por lo que no ofrece la información necesaria acerca de los aprendizajes alcanzados o no, para poder avanzar con el suficiente conocimiento de la situación singular de cada alumno.

No parece, por tanto, que la aparición del número como resultado de la evaluación de aprendizajes colabore en absoluto a mejorar la calidad educativa que recibe el alumnado, puesto que no proporciona información adecuada para seguir adelante sobre bases seguras acerca del punto en el que se encuentra cada estudiante.

Por el contrario, si se aplica un modelo de evaluación formativa y, por lo tanto, continua, permite variar todas las premisas expuestas anteriormente, puesto que:

- Favorece la descripción cualitativa de los aprendizajes, al describir lo conseguido y lo que queda pendiente de alcanzar.
- Evita el número para eliminar las comparaciones inadecuadas.
- Fomenta la cooperación, no la competitividad; los alumnos conocen los talentos y las dificultades de sus compañeros, lo que favorece la colaboración activa en trabajos comunes.
- Promueve la autoevaluación, al ser conscientes de sus logros y sus aprendizajes pendientes.
- Propicia el desarrollo de la autonomía personal y la competencia de aprender a aprender, pues se les ofrecen datos sobre sus consecuciones y dificultades.
- Facilita la colaboración de las familias con la escuela en la educación del alumnado, pues esta recibe la información necesaria para saber en qué puede apoyar a sus hijos para que sigan adelante.

En definitiva, la respuesta al título de este comentario es que la evaluación que ayuda a mejorar la calidad de la educación es la que describe la situación del alumnado en relación con sus aprendizajes: un informe de evaluación que aporta datos significativos para conocer el momento de desarrollo en que se encuentra y, por lo tanto, permite superar las barreras que hayan podido presentarse en cada momento, sin esperar a que pasen dos o tres meses, se aplique un examen y aparezca un número que no dice casi nada y que, además, llega tarde, pues cuando se conoce ya ha transcurrido demasiado tiempo y se han perdido múltiples oportunidades para seguir aprendiendo. La evaluación continua, formativa y descriptiva favorece el conocimiento personal y profundo del alumnado, y permite adecuar el modo de enseñar su modo de aprender; es decir, promueve la adecuación del sistema al alumno y no insistiendo en que siempre sea este el que deba adaptarse al sistema.

Por otra parte, hay que afirmar rotundamente que, si cambia el modelo de evaluación, deberá cambiar también la metodología, pues no es posible valorar en un examen las actitudes, el desempeño de las competencias o, incluso, muchos objetivos relacionados con contenidos imposibles de evaluar por escrito (por ejemplo, la comunicación oral). Y mucho menos calificar estos aprendizajes con un número. Recordando a Mafalda, ¿cómo calificaremos…? ¿Poniendo un 0 en sinceridad? ¿O en cooperación, en respeto a los demás, en autonomía, en aprendizaje permanente…? Será obligado, por tanto, utilizar estrategias metodológicas activas, cooperativas, interdisciplinares, comprensivas…, que permitan valorar lo esencial de la educación, dando sentido al aprendizaje y derivando en aprendizajes reales, no de los que desaparecen entre junio y septiembre. En consecuencia, la evaluación tiene que ofrecer información de lo conseguido en esas competencias que son la referencia final para constatar si la persona está preparada para incorporarse a la sociedad en condiciones de llevar adelante su propio proyecto de vida.

Cierro con la segunda recomendación del documento de UNESCO[1], *Reimaginando la educación*: "Reemplazar el credencialismo y la meritocracia que enfrenta a los individuos entre sí, con la potencialidad, que se enfoca en uno mismo y en la evaluación del crecimiento personal a lo largo del tiempo". Más en concreto, explicita que los responsables de las decisiones en política educativa deberán tomar medidas "que permitan centrarse en el potencial de cada uno y evalúen el proceso de aprendizaje individual, en lugar de centrarse en una evaluación basada en calificaciones o méritos y comparar a los alumnos entre sí".

Madrid, 19 de abril de 2022

---

[1] Organización de las Naciones Unidas para la Educación, la Ciencia y la Cultura.

RETOS DE LA EVALUACIÓN EDUCATIVA
EN TIEMPOS INCIERTOS

Desde siempre, la evaluación de los aprendizajes ha desempeñado en el sistema educativo un papel esencial para su planteamiento y correcto desarrollo, con objeto de que el alumnado alcance las competencias necesarias para incorporarse a la sociedad en condiciones favorables para su vida, tanto a nivel personal, como laboral o social.

No obstante, también desde siempre, la evaluación constituye un serio problema que no acaba de resolverse. Quizá por su procedencia desde el mundo de la empresa, el número ha sido —y sigue siendo en muchos casos— el modo de expresión adoptado de forma general para informar acerca de los aprendizajes adquiridos por los estudiantes. A pesar, hay que reconocerlo, de que un número no explica nada de las dificultades o ventajas del alumno, de los conocimientos alcanzados y los que quedan pendientes, de los talentos de la persona, de los aspectos que deben reforzarse, de las actitudes o valores que mantiene, de las destrezas desarrolladas… Es decir, que mediante la habitual calificación no se consigue información suficiente como para que la evaluación constituya un factor de mejora de los procesos de enseñanza y de aprendizaje, como debiera ser si cumpliera el papel que tienen encomendados cada uno de los elementos curriculares.

Cuando la evaluación se sitúa al final del proceso de aprendizaje, valora lo conseguido o, más exactamente, lo memorizado para exponerlo en un examen habitualmente escrito; es decir, que valora lo que se puede en una prueba de este tipo, dejando sin evaluar lo más importante de la educación, como antes citamos. Por otra parte, el efecto perverso de esta utilización de la evaluación es que, en definitiva, lo que importa al alumnado y a sus familias —e incluso al profesorado— es que se apruebe, no que se aprenda (Casanova,

2021). Esto, como resulta obvio, pervierte totalmente el sentido y los objetivos pretendidos por la educación. Nuestros alumnos, así, aprenden a aprobar en lugar de aprender a aprender, competencia que les garantizaría la actitud de aprendizaje permanente, a lo largo de toda su vida, lo cual resulta imprescindible en la sociedad actual, que avanza en conocimientos y descubrimientos de forma exponencial día a día.

Para que la evaluación apoye la mejora de la calidad educativa, debe cumplir algunos requisitos ineludibles:

a) Que se aplique con funcionalidad formativa, mediante su aplicación continua. Para ello, debe implementarse desde el comienzo del proceso de enseñanza y de aprendizaje, no al final.

b) Que se realice a través de técnicas e instrumentos que permitan conocer las peculiaridades del alumnado en su proceso de aprendizaje (observación, entrevista, encuesta, fotovoz…; triangulación, análisis de contenido; anecdotario, lista de control, escala de valoración, rúbrica, cuestionario, grabación…).

c) Que los informes sean descriptivos, no numéricos, de manera que fomenten la autoevaluación del propio alumnado y la colaboración de las familias en la educación de sus hijos.

Si se aplica una evaluación con estas características, cambiará radicalmente la escasa función que ahora cumple, limitándose a una constatación de resultados, pasando a conformar un factor evidente de mejora al permitir conocer al alumnado y, de este modo, ajustar de modo constante la forma de enseñar a la forma de aprender del grupo.

Si esto siempre ha sido necesario, los tiempos que vivimos en esta sociedad "líquida" (Bauman, 2015) e "incierta" (Morin, 1999), que se ha puesto en evidencia, sobre todo, a partir de la pandemia aparecida en el año 2020, obligan a tomar decisiones más valientes para conseguir superar las dificultades que se presentaron para la continuidad de la educación cuando se cerraron las escuelas, a nivel mundial, y que ha supuesto una pérdida de aprendizajes en buena parte de la población escolarizada y, por desgracia, casi siempre la perteneciente a los grupos más vulnerables, pues ni contaban con medios tecnológicos adecuados para seguir su formación a distancia, ni las familias disponían de nivel suficiente como para apoyarlos de modo apropiado.

En la modalidad de distancia también se puede aplicar una evaluación formativa, pues se envían trabajos a los alumnos, que estos presentan o envían, se revisan y se ofrece la retroalimentación necesaria para seguir avanzando en el aprendizaje. Es una labor necesaria para las situaciones en que todavía no estén las escuelas abiertas, pero también para las que ya ejercen la enseñanza presencial.

Hay que valorar la situación en la que el alumno regresa a la escuela (evaluación inicial) y, a partir de ese punto, comenzar a trabajar los aprendizajes esenciales, instrumentales, que le permitan seguir sin problemas durante los meses inmediatos, en los que, con los apoyos y refuerzos requeridos, llegue a ponerse al día y continúe con regularidad.

Se debe evaluar lo importante para convivir en la sociedad actual: competencia comunicativa, capacidad de cooperación y colaboración, autonomía personal para la toma de decisiones, actitud de aprendizaje permanente…, aspectos que no se evalúan con un examen escrito, ni se expresan con un número, sino implementando las estrategias metodológicas adecuadas en el aula que permitan desarrollar esas capacidades y valorarlas día a día mediante la evaluación continua que permita llevar a cabo los cambios que, en su caso, resulten apropiados para superar las disfunciones que puedan surgir en el camino hacia la meta deseada.

REFERENCIAS BIBLIOGRÁFICAS

BAUMAN, Z. (2015). *Modernidad líquida*. México: Fondo de Cultura Económica.
CASANOVA, M. A. (2021). *Manual de evaluación educativa*. Madrid: La Muralla.
MORIN, E. (2002). *Los siete saberes necesarios para la educación del futuro*. Barcelona: Paidós.

Lima (Perú), junio 2022

ENSEÑEMOS A EVALUAR

Cuando se plantea un diseño curricular, en cualquiera de sus niveles de concreción, se suele ubicar la evaluación en último lugar, indicando implícitamente —ese es el mensaje oculto— que se puede trabajar durante todo el proceso puesto en marcha e incorporar la evaluación al finalizarlo, con el objeto principal de comprobar los resultados obtenidos.

Ya hemos insistido en numerosas ocasiones acerca de la importancia de que la evaluación educativa, siempre con carácter formativo, se sitúe al comienzo de los procesos, de manera que permita disponer de información a lo largo de los mismos y, en consecuencia, favorezca la realización de los ajustes necesarios para que todo el alumnado llegue a las metas propuestas por los caminos que resulten más adecuados.

Ahora vamos a dar un paso más en lo que se refiere a la incorporación de la evaluación en el diseño curricular. Y es a considerarla como competencia, objetivo y saber básico de aprendizaje, es decir, como parte esencial de los aprendizajes que debe adquirir el alumnado durante su educación obligatoria. Es decir, que cuando se hable de evaluación no solo se piense en la calificación de lo conseguido, sino en que también las alumnas y alumnos deben saber lo que es evaluar, cómo hacerlo, para qué utilizarla…; por lo tanto, asumir que no es una función exclusiva del profesorado, sino que también es un aprendizaje importante para los estudiantes.

Si revisamos el Real Decreto 157/2022, de 1 de marzo, por el que se establecen la ordenación y las enseñanzas mínimas de la Educación Primaria, encontramos que los términos "evaluar" o "valorar" aparecen en 95 ocasiones dentro del perfil de salida, de los descriptores al finalizar la educación básica, las competencias, objetivos, criterios de evaluación y saberes básicos. Además de otras muchas expresiones que podrían considerarse equivalentes, ya que para realizarlas es imprescindible la evaluación; me refiero, por ejemplo, a analizar, reflexionar, seleccionar, revisar, interpretar, concluir, autocorregir... Cualquiera de estas otras acciones que se exigen al alumnado implican una evaluación implícita, para poder decidir en cada caso. No obstante, estas no se han considerado dentro de las 95 citadas.

Si añadiéramos el Real Decreto regulador de la Educación Secundaria Obligatoria, superaríamos más del doble de citas relativas a la evaluación como objetivo de aprendizaje; o sea, que pasaríamos de las 200 ocasiones en que la normativa requiere del alumnado que domine la evaluación en diferentes áreas y situaciones.

Solamente teniendo en cuenta los datos seleccionados meticulosamente para fundamentar este comentario, basta para convencernos de que la evaluación no debe ser solo una comprobación de resultados de aprendizaje (en su más amplio sentido), ni siquiera como factor de mejora del aprendizaje (como venimos defendiendo desde siempre), sino que debe entrar en las programaciones docentes como aprendizaje (en sentido amplio) para el logro de las competencias establecidas en el diseño curricular. Es decir, que no solo debe evaluar el profesorado, sino que debe enseñar a evaluar a sus alumnas y alumnos, ya que va a ser una acción fundamental a lo largo de su vida, tanto a nivel personal como profesional. Evaluamos permanentemente lo que vemos, lo que hacemos, las actuaciones de los demás, las obras de arte, las lecturas que realizamos... Todo pasa por el tamiz de la evaluación personal. ¿Y esa importante función va a quedar al azar, a la intuición de cada persona sin orientación de ningún tipo?

Por lo que vemos en el diseño curricular vigente, pareciera que no debe ser así. Que, en estos tiempos de infoxicación, resulta fundamental saber evaluar para discernir cuál de esa información recibida masivamente es válida y fiable, de la que no lo es, de la que puede ser totalmente falsa o nociva. Y si hay que evaluar, hay que aprender a evaluar. En consecuencia, el sistema educativo debe asumir la responsabilidad de enseñar a evaluar dentro de unos parámetros de rigor y objetividad que garanticen a la persona su autonomía a la hora de decidir en los muchos momentos en que deberá tomar decisiones, en cualquiera de los órdenes de la vida en los que se desenvuelva: trabajo, ocio, sanidad, estudio, etc. Si no se dominan unos criterios adecuados sobre los que asentar las propias opciones, estaremos en manos de la posible manipulación por parte de los poderosos medios de comunicación que ahora nos invaden.

Siempre ha sido importante, por supuesto, dominar los conocimientos suficientes como para ser capaz de optar por uno u otro camino en determinadas ocasiones vitales. Pero, si cabe, ahora se siente una mayor necesidad de disponer de estos conocimientos y competencias, por esa enorme cantidad de informaciones que recibimos diariamente a través de los numerosos medios que nos rodean.

Pensando, por tanto, en el contexto social de la actualidad, la evaluación debe constituir una competencia específica, dentro de las competencias clave establecidas, de manera que se determinen objetivos concretos para conseguirlas y se detallen específicamente en el ámbito de los saberes básicos de todas las áreas curriculares, favoreciendo el aprendizaje de la evaluación como conocimiento, destreza y actitud.

Traduciendo esta afirmación a la realidad del aula, en el ámbito del conocimiento, el alumnado deberá aprender qué es la evaluación, en qué consiste, cuándo hay que aplicarla, qué requisitos debe cumplir para garantizar su fiabilidad…; pasando a las destrezas, tendrá que realizar evaluaciones: de los materiales que maneja, de los temas que se abordan, de las estrategias utilizadas en clase, de las visitas a museos, teatro… (heteroevaluación), de sus propios trabajos (autoevaluación), de los trabajos cooperativos con otros compañeros (coevaluación)…; si abordamos las actitudes, después de realizadas las acciones ya señaladas, el alumnado asumirá la asunción de la evaluación habitual como algo favorable e imprescindible para avanzar en la vida, o sea, que será el modo de que se cambie el prejuicio que existe ante cualquier situación evaluadora que se plantee, siempre que se entienda como un proceso positivo que ayuda a realizar cambios e innovaciones de mejora sobre criterios objetivos y seguros, dentro de lo posible. Se entenderá la evaluación como un componente más de la vida diaria que apoya nuestras actuaciones en orden a lograr un futuro mejor. En definitiva, deberá cambiar la actitud negativa hacia la evaluación, incorporándola a su quehacer habitual como un ingrediente positivo de su aprendizaje.

¿Está previsto este planteamiento en el diseño curricular actual? Evidentemente sí, como hemos comprobado al comienzo de estas líneas. ¿Se practica en las aulas de forma sistemática como para garantizar el aprendizaje de la evaluación por parte del alumnado? Mucho me temo que no de forma generalizada, como sería deseable. Resultará importante que se incorpore, cuanto antes, la evaluación como aprendizaje al quehacer del aula, de manera que se alcancen satisfactoriamente las competencias previstas para la población actual y futura.

Madrid, 22 de mayo de 2023

LA AUTOEVALUACIÓN COMO FACTOR DE FORMACIÓN PERMANENTE

Introducción

La concepción de la evaluación que suele aplicarse, con excesiva frecuencia, en los diferentes ámbitos del sistema educativo, apegada a su origen empresarial y, en consecuencia, con reminiscencias numéricas, cuantitativas, competitivas, finales, de resultados…, no deviene en el marco adecuado para que pueda utilizarse provechosamente en el campo de la educación; ni en lo que se refiere a la evaluación de los aprendizajes del alumnado, ni del profesorado, ni a la evaluación institucional, ya que su objetivo prioritario es comprobar un resultado obtenido que, cuando quiere ser revertido, ya es demasiado tarde para que produzca los efectos deseados en la mejora de la situación evaluada. El trabajo con personas que se lleva a cabo en la educación requiere del manejo de datos que permita modificar, durante el proceso y en el momento más inmediato posible, las disfunciones que puedan producirse, sin esperar al final de un curso o una etapa escolar determinada, momento en el que ya el estudiante no está en condiciones de alcanzar las competencias y objetivos previstos en el sistema. Este planteamiento implica el cambio radical de modelo evaluativo, de manera que se aplique con enfoques cualitativos, formativos, idiográficos…, y favorezca el progreso continuado del aprendizaje, lo cual, al fin, es la meta de toda educación institucional. De nada sirve organizar un sistema "modélico" si los potenciales beneficiarios del mismo no pueden aprovechar sus iniciales y teóricas excelencias.

Estos comentarios que realizamos sobre la evaluación –casi siempre heteroevaluación, evaluación de los otros– deben servir también para la reflexión sobre nuestras acciones personales, es decir, para autoevaluar nuestro quehacer tanto en ámbitos personales como profesionales. Un concepto de evaluación que aproveche todas las virtualidades de esta resultará útil para mejorar, también, el trabajo de cada individuo en su día a día. Si se consigue que, efectivamente, mediante una aplicación sistemática de la autoevaluación se detecten los puntos fuertes de la actividad y las áreas de mejora, se estará en el camino de avanzar progresivamente hacia las metas propuestas en cada situación.

En consecuencia, a lo largo del texto se presentará una concepción de la evaluación válida para ser aplicada a la propia persona que evalúa, se abordará la metodología más adecuada para llevarla a cabo (intentando no "burocratizar" el proceso, para no crear rechazos en los protagonistas) y se propondrán indicadores que se incorporarán a un instrumento que sea útil como pauta para la elaboración, modificación o matización del mismo, de manera que sea aplicable rigurosa y convenientemente en cada momento, no aisladamente ni en circunstancias finales o de estrés laboral.

EVALUAR PARA MEJORAR: UN CONCEPTO PARA LA PRÁCTICA

Hay que comenzar, por lo tanto, partiendo de un concepto de evaluación que permita y favorezca su implementación adecuada para ser utilizada como factor y elemento clave de actualización permanente en cualquier ámbito o aspecto docente al que se incorpore.

En consecuencia, entendemos la *evaluación como un proceso continuo, riguroso y sistemático de obtención de datos, que ofrece información permanente acerca de cómo se producen los hechos que pretenden valorarse, permitiendo decidir su grado de pertinencia y tomar medidas inmediatas para reforzar lo positivo y superar las disfunciones o aspectos negativos que puedan presentarse.*

Esta concepción evaluadora supone que se hace preciso reflexionar de modo continuo sobre el quehacer profesional, con objeto de poder tomar las decisiones idóneas en cada momento, sin dejar que se acumulen las dificultades que, al pasar el tiempo, resulten irresolubles. Esa es la ventaja de aplicar un modelo de evaluación continuado, riguroso, sistemático: que no deja pasar el tiempo para resolver un problema, sino que dispone y aplica los medios necesarios para corregirlo y superarlo cuando se produce.

No es cuestión de repetir aquí toda la metodología evaluadora que tenemos a nuestra disposición, por lo que reproduzco un cuadro resumen (figura 1), a partir del cual se puede profundizar en cada uno de los apartados que se contemplan en el mismo.

Aparecen en la figura tanto técnicas para la obtención de datos, como variados instrumentos donde reflejar la información que se va recogiendo progresivamente según se avanza en el proceso de evaluación. Como es obvio, esta metodología se puede utilizar tanto para heteroevaluar, coevaluar o autoevaluar los trabajos, programas, actitudes, procesos de actualización, competencias, aprendizajes múltiples…, ajenos, comunes o propios, según se aplique a personas externas a uno mismo, se aplique mutuamente entre varios participantes o colaboradores o se aplique al propio quehacer personal.

De esta última situación tratará el contenido del presente texto, pues constituye un elemento fundamental para conseguir un perfeccionamiento permanente a lo largo de la carrera profesional docente, en nuestro caso, sin la necesidad imprescindible de asistir a unos cursos a veces intrascendentes o de matricularse en otros de los que solo vamos a conseguir el papel que justifica haberlos realizado, pero que no repercutirán en absoluto en la mejora de la práctica docente y, en consecuencia, en un avance real de la calidad educativa que recibe el alumnado, que, en definitiva, es de lo que se trata en los sistemas educativos institucionales.

No queremos negar la importancia de la actualización mediante esos cursos o nuevas carreras que apoyen el perfeccionamiento profesional, por supuesto, pero sí queremos dar la importancia que tiene el planteamiento personal para avanzar mediante la autoevaluación del trabajo que se realiza diariamente (Elliott, 2022), cuya base enlaza directamente con las teorías del aprendizaje-servicio o del perfeccionamiento en ejercicio, avaladas en el tiempo por sus excelentes resultados. Se trata, por tanto, de complementar diferentes medios de profesionalización sin abandonar ninguno que resulte eficaz para seguir adelante; como es evidente, aquí defenderemos la importancia de autoevaluar el propio desempeño profesional, como primera medida de diagnóstico sobre áreas de mejora o puntos fuertes en nuestro trabajo, para decidir, después, acerca de las estrategias más apropiadas para continuar progresando. La propuesta es mantener esta autoevaluación, como fundamento del resto de opciones que puedan adoptarse de cara a este futuro incierto que se nos muestra en la actualidad.

LA ACTUALIZACIÓN PROFESIONAL EN LA SOCIEDAD ACTUAL

La sociedad en la que vivimos se caracteriza por la dominancia de determinados factores que condicionan nuestras actuaciones diarias y, sobre todo, nuestras ideas y proyectos de futuro, pues los "pensamos" en función de las posibilidades, limitaciones o prospectivas que nos plantean los expertos —de diversas especialidades—, orientando o casi obligando a amoldarnos a ese porvenir incierto que se nos plantea a la hora de adoptar las elecciones más adecuadas para incorporarnos a la sociedad y para, además, cumplir con ello nuestras expectativas personales y profesionales de la mejor manera posible.

Entre esos factores a los que aludo, cabe señalar la denominación —y la realidad— de sociedad de la información y del conocimiento, como primero y principal eje sobre el que debemos reflexionar, ya que tiene que incidir —si no lo ha hecho ya— tanto en la estructura y contenido del sistema educativo, como en la formación —inicial y permanente— de su profesorado. Además, podemos incluir, entre estas peculiaridades sociales de la actualidad, la movilidad de la población, la utilización y avances de las tecnologías de la información y de la comunicación, la globalización generalizada en todos los órdenes de la vida, la necesidad de conocer diversos idiomas para moverse en ese mundo global/glocal, etc.

La celeridad con que se producen estos cambios obliga a la permanente actualización docente, pues, como es evidente, para enseñar es obligado estar al día en los progresos de todo tipo que van apareciendo en el contexto mundial: conocimientos científicos, tecnología, neurociencia, avances sociales, etc.

Esta aceleración implica que, sin pausa alguna en el tiempo, los avances en todos los ámbitos del saber y del hacer se producen con una velocidad desconocida hasta nuestros días, debido, en buena parte, a la generalización de la tecnología, pues llega a grandes cantidades de personas en todas las partes del mundo de forma inmediata. Eso deriva en que ese conocimiento difundido es capaz de generar otros nuevos basados en el adquirido inicialmente. Este proceso se reproduce continuadamente, y favorece y promueve el avance exponencial que experimentamos diariamente.

Figura 1. Metodología de la evaluación

Técnicas para la obtención de datos:
Observación
    Participante
    No participante

Entrevista
    Formal
        Estructurada
        Semiestructurada
        Libre
    Informal
Encuesta
Aplicación de pruebas estándar
Examen de documentación
Grabación
Técnicas para el análisis de datos:
Triangulación
    De fuentes
    De evaluadores
    Temporal
    Espacial
    Metodológica
Análisis de contenido
Otras
Instrumentos para el registro de datos:
Registro anecdótico
Cuestionario
Lista de control
Escala de valoración
    Numérica
    Gráfica
    Descriptiva
Test
Fotografía
Vídeo
Audio
Diario

Fuente: adaptado de Casanova (2007: 125)

Son numerosos los ejemplos de la cantidad de conocimiento que acumula esta sociedad. Solo cito la afirmación de Pizarro (2021: 25-26): "Todos los días se transfiere por Internet el equivalente a 300 millones de páginas. Además, se multiplica por dos cada año y la World Wide Web ofrece el doble de información cada 90 días. [...] El volumen de noticias e información que manejaba un hombre en el siglo XVI en toda su vida es inferior al que cualquier hombre actual puede leer en una edición del *New York Times* del domingo".

Si reflexionamos sobre la producción y circulación que se produce a nivel mundial, nos convenceremos de que cualquier profesional y, en particular, el docente, requiere de una actualización permanente para desempeñar de modo adecuado la función esencial que tiene encomendada (Valle y otros, 2023).

La formación permanente del profesorado, requisito para la calidad del sistema: modalidades

Reconociendo, por tanto, lo imprescindible de la formación permanente del conjunto del profesorado que interviene en los sistemas educativos, existen diferentes posibilidades de conseguir esa actualización continuada por parte del mismo, dada la importancia que tiene para que la calidad del sistema se mantenga al nivel requerido en todo momento.

Es frecuente encontrar en todas las Administraciones educativas ofertas de formación permanente para que su profesorado en servicio tenga la posibilidad de esta puesta al día ineludible y exigida socialmente. En general, suele aprovecharse de forma adecuada; no obstante, la realidad del aula requiere que esta formación recibida, aunque sea individualmente, repercuta de modo directo en el quehacer habitual de la misma; de lo contrario, ese perfeccionamiento conseguido no deriva en la mejora del sistema, ya que no llega a la innovación necesaria para avanzar en el aprendizaje de los estudiantes.

Existen diferentes modalidades de formación permanente, quizá más efectivas para que al recibirla sea posible aplicarla a la práctica por parte del conjunto del profesorado en sus Centros. Entre ellas hay que destacar la denominada formación en servicio (Deeley, 2016; Elliott, 2022) o Proyectos de Formación en Centro. Ambas poseen la característica de que se reciben en la propia institución de trabajo y, por lo tanto, derivan de las necesidades de cada profesor y le facilita la formación que necesita para continuar superándose en su desempeño educador.

La formación en servicio resulta equivalente a los denominados en España como Proyectos de Formación en Centro, pues supone el perfeccionamiento y actualización del profesorado durante el desempeño de su tarea docente, tanto como componente de una institución global como docente en el aula. Sin embargo, considerando literalmente lo que implica la formación en servicio, esta puede ser de modalidad individual, ofreciendo respuestas a las necesidades puntuales de preparación de algún profesor, aunque no resulten de utilidad general para el conjunto de la misma. Por el contrario, los Proyectos de Formación en Centro se dirigen a todo el profesorado, pues responden a necesidades de formación general para que esta lleve a cabo el modelo de educación que se haya decidido en un momento determinado o que exija la realidad social o la Administración, mediante la publicación de normas educativas que requieran de actualización en aspectos concretos de la enseñanza. Es lo que suele ocurrir cuando se publica una nueva Ley de Educación que supone cambios estructurales y/o curriculares significativos.

Como resulta obvio en la actualidad, existen ofertas múltiples de cursos gratuitos a través de internet (los conocidos MOOC[1] o cursos gratis a distancia, que ya ofrecen más de 870 universidades de todo el mundo), en los que se encuentra formación para la práctica totalidad de las especialidades que se busquen, si bien esta modalidad se dirige, casi siempre, a necesidades individuales, por lo que se ajustan más a la formación en servicio, aunque también resultan accesibles para cualquier persona a pesar de que no esté desempeñando tareas docentes.

Una alternativa a las modalidades de formación continua presentadas será la autoevaluación permanente por parte de cada docente, en el ejercicio de su profesión, que es el objeto principal de

---

[1] Massive Online Open Courses.

este texto y a la que, por lo tanto, dedicamos los apartados siguientes.

AUTOEVALUACIÓN Y FORMACIÓN PERMANENTE

Partiendo del concepto de evaluación que quedó expuesto al comienzo de estas líneas, resulta evidente su máxima utilidad para que la mejora de cualquier actividad sea un hecho cierto y no se quede en la declaración de buenas intenciones, como tantas veces ocurre en el campo de la educación.

Dentro de los tres tipos de evaluación que se citaron, ahora nos centraremos en la autoevaluación como medio excelente y apropiado para mantener un nivel de formación óptimo a lo largo de los años de desempeño docente: no depende de ningún medio externo del que pudiera no disponerse en determinados tiempos, ni tampoco de las opiniones ajenas que no conozcan la realidad del profesional que evalúan y, por ello, de sus necesidades de actualización.

Si la evaluación formativa se centra en la valoración de los procesos con el objetivo directo de mejorarlos mediante la toma de decisiones inmediata, dada la información permanente que proporciona al evaluador/a, parece evidente que resulta una herramienta adecuada para reflexionar sobre la propia actuación profesional, día a día, para conocer −primero− y resolver −después− en relación con la pertinencia de la formación y actuación de cada docente tanto en la institución global como en el aula, en función del alumnado que se debe atender.

Se trata, por tanto, de diseñar y/o establecer un sistema de indicadores pertinente que permita y favorezca la revisión continuada de la actuación docente en los diversos ámbitos de trabajo que exige, en la actualidad, el ejercicio de esta función; es decir, en:

− Planificación del proceso de enseñanza
− Actuación en el aula
− Relaciones en el centro educativo
− Otros aspectos exigidos normativamente

Evidentemente, de acuerdo con las normas vigentes en cada país, los indicadores responderán tanto al proyecto educativo de cada escuela, como a la legislación que se deba respetar. Por ello, la propuesta que sigue a continuación responde a principios genéricos que habrá que adecuar a la situación particular de cada profesional y de cada institución. Será válida, entendemos, como base y pauta que facilite la formulación de nuevos indicadores −en su caso− y de principio para organizar el plan personal de autoevaluación como medio de mantenerse en actualización permanente.

La práctica de la autoevaluación

Los indicadores que se proponen podrán aplicarse a través de una escala de valoración (figura 2) o de una lista de control (figura 3). En cualquier caso, el docente que se autoevalúe elegirá el instrumento que considere más apropiado para realizar un seguimiento de su proceso de perfeccionamiento.

Figura 2: Modelo de escala de valoración

Indicadores	Sí	Mucho	Poco	No
1. Las mesas del alumnado están colocadas:				
• En forma de U	☐	☐	☐	☐
• En forma de rectángulo	☐	☐	☐	☐
• En grupos de 4/6	☐	☐	☐	☐
2. En el aula hay espacios delimitados para diferentes tipos de actividad:				
• Individual	☐	☐	☐	☐
• En pequeño grupo	☐	☐	☐	☐
• En gran grupo	☐	☐	☐	☐
3. En el aula hay espacios diferenciados para actividades diversas:				
• Biblioteca de aula	☐	☐	☐	☐
• Taller de matemáticas	☐	☐	☐	☐
• Música	☐	☐	☐	☐
• Plástica	☐	☐	☐	☐
• Otras	☐	☐	☐	☐
4. Al comenzar la sesión, el/la maestro/a explica lo que se va a hacer durante la misma	☐	☐	☐	☐
5. El/la maestro/a motiva a su alumnado en relación con el tema/unidad que se va a abordar	☐	☐	☐	☐

Fuente: Casanova (2007: 137).

Figura 3: Modelo de lista de control para evaluar la práctica en el aula

Indicadores	Sí	No
La metodología es coherente con el modelo de evaluación		
La distribución de espacios favorece la comunicación de los estudiantes		
Favorezco la participación activa del alumnado		
Presto atención a todo el alumnado		
Valoro explícitamente el esfuerzo realizado por las alumnas y alumnos		
Mantengo altas expectativas de éxito hacia el grupo		

Fuente: elaboración propia

Indicadores para autoevaluar la planificación del proceso de enseñanza

- Colaboro activamente en la elaboración del proyecto educativo del centro
  - Asisto e las reuniones previstas
  - Aporto iniciativas propias
- Colaboro activamente en la elaboración del proyecto curricular de cada etapa educativa
  - Asisto a las reuniones programadas
  - Aporto iniciativas personales
- Participo en la elaboración de la planeación del área, materia o campo de formación
- Tengo la planeación de mi aula/disciplina por escrito
- Mi planeación respeta los acuerdos adoptados en el proyecto educativo y en el proyecto curricular
- Mi planeación refleja, para todo el año académico:
  - Competencias
  - Propósitos
  - Contenidos o saberes básicos
  - Tipos de actividades
  - Metodología
  - Recursos didácticos

- • Procedimientos de evaluación continua
- • Unidades didácticas/situaciones de aprendizaje selecciona-
  das
- • Temporalización de las unidades/situaciones
- – Mi planeación está secuenciada para
  - • Cada trimestre
  - • Cada mes
- – Los elementos de la planeación resultan coherentes entre sí:
  - • Competencias y propósitos
  - • Propósitos y contenidos
  - • Contenidos y tipos de actividades
  - • Actividades y recursos didácticos
  - • Estrategias metodológicas y evaluación
  - • Competencias y propósitos con evaluación
- – Selecciono los materiales y libros de texto mediante una ade-
  cuada evaluación
- – Respeto los criterios de evaluación marcados en el proyecto
  curricular
- – Amplío y matizo los criterios de evaluación, en función de las
  competencias, propósitos y contenidos de mi área/disciplina
- – Adecúo los criterios de evaluación a las peculiaridades del
  alumnado que atiendo
- – Elaboro periódicamente los informes de evaluación:
  - • Para las familias
  - • Para el Centro

Indicadores para autoevaluar la intervención en el aula

- – Las competencias propuestas responden a las establecidas en
  la planeación
- – Los propósitos son coherentes con las competencias previstas
- – Los contenidos son todos los prescritos en la planeación
- – Las estrategias metodológicas que utilizo son adecuadas para
  alcanzar las competencias y propósitos establecidos
- – La metodología que aplico responde a las características ma-
  durativas de mi alumnado:

- Es manipulativa (Educación Infantil, Educación Primaria)
- Es participativa
- Es personalizada
- Es inductiva
- Es deductiva
- Es activa
− La metodología que aplico responde a las etapas de aprendizaje de mi alumnado:
  - Es globalizada (Educación Infantil, Educación Primaria)
  - Es interdisciplinar
  - Es estrictamente disciplinar
− La metodología que aplico responde a las peculiaridades individuales de mi alumnado, para atender a su diversidad:
  - Respeta los estilos de aprendizaje
  - Respeta los ritmos de aprendizaje
  - Toma en cuenta los talentos individuales
  - Toma en cuenta las capacidades personales
  - Toma en cuenta la situación social de cada alumno
  - Presta los apoyos necesarios de forma individualizada
− La distribución de espacios en el aula favorece la comunicación activa del alumnado
− Los procedimientos de evaluación son coherentes con la metodología
− Para evaluar, utilizo diferentes técnicas de obtención de datos
− Al evaluar, utilizo diversos instrumentos para el registro de los datos
− Para evaluar, triangulo la información obtenida
− Incorporo la autoevaluación del alumnado a la práctica habitual del aula
− Incorporo procesos de coevaluación en las actividades del aula
− Empleo recursos didácticos suficientes
− Preparo material didáctico específico para el desarrollo de determinadas situaciones de aprendizaje
− Utilizo material didáctico ya elaborado
− Motivo a mi alumnado al comenzar cada nuevo trabajo
− Aplico sistemáticamente los principios del Diseño Universal para el Aprendizaje

- Favorezco la participación activa del alumnado, mediante:
  - Trabajos en equipo
  - Intervenciones orales
  - Trabajo cooperativo
  - Puestas en común
- Realizo exposiciones sobre diferentes temas, de forma:
  - Estructurada
  - Clara
  - Amena
  - Con un ritmo adecuado al del aprendizaje del alumnado
- Presto atención a todos y cada uno de los alumnos, sin manifestar preferencias o rechazos
- Estimulo el trabajo de las alumnas y alumnos a través de:
  - La confianza que pongo en ellos para la resolución de las situaciones que se plantean en el aula
  - Las expectativas de éxito que manifiesto para el grupo
- Valoro explícitamente el esfuerzo realizado por el alumnado
- Reconozco ante el grupo lo que han llevado a cabo satisfactoriamente
- Tengo previstas actividades multigrado para adecuarlas a las características del alumnado
- Aplico refuerzos educativos al alumnado que los precisa
- Atiendo al alumnado con alta capacidad intelectual con propuestas personalizadas para la ampliación del aprendizaje
- El alumnado participa activamente en actividades extraescolares
- La mayoría de mi alumnado alcanza las competencias y propósitos previstos

Indicadores para autoevaluar las relaciones en el Centro educativo

- Ocupo algún cargo directivo en el Centro
- Formo parte de algún órgano colegiado del Centro
- Participo activamente en los proyectos o actividades de formación que tienen lugar en el Centro

- Intervengo en algunas actividades extraescolares que se celebran en el Centro
- Mantengo buenas relaciones con:
  • El resto del profesorado
  • El equipo directivo
- Me responsabilizo de tareas concretas para el Centro
- Asisto a las reuniones establecidas
- Participo en las sesiones de evaluación programadas
- Me reúno con las familias de mi alumnado para:
  • Informar sobre el proceso de aprendizaje
  • Realizar el seguimiento necesario en los casos que se requiera

Indicadores para autoevaluar otros aspectos de la actividad docente

- Cumplo mis horarios regularmente
- Me actualizo didáctica y científicamente con asiduidad
- Autoevalúo mi práctica docente habitualmente y registro mis resultados
- Autoevalúo mi planeación y modifico lo necesario
- Mantengo expectativas de mejora profesional para el futuro

EN CONCLUSIÓN

Entendemos que la autoevaluación permanente de la propia función docente en cualquier nivel educativo resulta imprescindible para mantener la calidad de los sistemas educativos, como ya quedó indicado desde el comienzo de este texto.

Por ello, se propone el sistema de indicadores expuesto, como pauta para que cada profesional los adapte a su realidad y a sus necesidades de perfeccionamiento. No supone una propuesta cerrada ni inamovible, porque son muchos y diversos los sistemas donde se puede aplicar y, por ello, diferentes también las exigencias legales que se solicitan del profesorado. Igualmente, los sistemas disponen de estructuras diversas y a ellas habrán de adecuarse los indicadores que se formulen; de lo contrario, no serían válidos para la función con la que se presentan.

Cualquier registro escrito puede resultar válido siempre que posibilite la plasmación del resultado de la reflexión que se vaya realizando progresivamente y que permita, en consecuencia, comprobar los avances o retrocesos experimentados en alguno de los aspectos importantes para la continuidad de la mejora.

La implementación de la autoevaluación docente mediante la revisión permanente de la intervención realizada constituye una garantía fundamental para mantener la calidad de los sistemas educativos que la sociedad actual requiere.

REFERENCIAS BIBLIOGRÁFICAS

Casanova, M. A. (2007). *Evaluación y calidad de centros educativos*. La Muralla, 2.ª edición.

Casanova, M. A. (2021). *Manual de evaluación educativa*. La Muralla, 12.ª edición.

Deeley, S. J. (2016). *El Aprendizaje-Servicio en educación superior*, Narcea.

Elliott, J. (2022). *La investigación-acción en educación*, Morata: 7,ª edición.

Marcelo, C. y Vaillant, D. (2018). *Hacia una formación disruptiva de docentes*, Narcea.

Pérez Gómez, A. I. (2022). *Educarse en la era digital*, Morata, 4.ª edición.

Pizarro, B. (2021). *Neurociencia y educación*, La Muralla, 2.ª edición.

Schleicher, A. (2005). *La mejora de la calidad y de la equidad en la educación: retos y respuestas políticas*, Fundación Santillana.

Valle, J. M. y otros (2023). *Las competencias profesionales docentes*, Narcea.

Walker, R. (1989). *Métodos de investigación para el profesorado*, Morata.

Zabalza, M. A. (2004). *Diarios de clase. Un instrumento de investigación y desarrollo profesional*, Narcea.

Madrid, 2002
(Inédito)

EVALUACIÓN PERSONALIZADA:
UN FACTOR DE MEJORA DEL APRENDIZAJE

Parece totalmente asumido por parte de la comunidad educativa y, en particular, por los profesionales docentes, que la educación personalizada es la mejor solución pedagógica y didáctica para dar respuesta a la diversidad que presenta el alumnado, tanto en su faceta individual como grupal. Supone la superación de las corrientes de individualización y socialización en la enseñanza, entendiendo que la persona debe desarrollar profundamente ambas facetas vitales.

Si conocemos al alumnado mediante los múltiples medios y conocimientos de los que ahora disponemos, será posible implementar un modelo metodológico diversificado que ofrezca opciones variadas a los distintos ritmos o estilos de aprendizaje, a las capacidades y talentos singulares, a las situaciones sociales en las que puedan encontrarse, a las eventualidades que surjan a lo largo de la escolaridad… En definitiva, los avances en psicopedagogía, neurociencia, tecnología…, nos ayudan, en estos momentos, a decidir con acierto la intervención didáctica más apropiada en cada grupo, que garantice, dentro de lo posible, la accesibilidad al aprendizaje de todos los alumnos y alumnas del sistema, especialmente durante las etapas obligatorias de enseñanza.

En los últimos años, se suceden leyes de educación con demasiada frecuencia, buscando la mejora de los resultados en la formación del alumnado. Y se comprueba que cuando se piensa en cómo superar esos resultados, se enfocan los objetivos hacia la consecución de competencias, en innovar lo que se refiere a modificación de contenidos, de estrategias metodológicas (actividades, recursos), en disminuir el número de alumnos por grupo…; es decir, aparecen casi todos los elementos curriculares y organizativos, excepto la evaluación.

Ciertamente, la atención a la diversidad es un reto de los sistemas actuales y, por lo tanto, es importante adecuar las estrategias metodológicas que permitan ajustar los procesos de enseñanza para que se produzcan los aprendizajes esperados, pero resulta imprescindible seleccionar un modelo de evaluación que no contradiga esa diversificación que se ha aplicado con anterioridad, como ocurre cuando se identifica evaluación con examen y se utiliza este simplemente para comprobar algunos resultados mediante una prueba igual para todos, que tiende a la homogeneización y no ayuda en absoluto a la adecuación de los procesos y a su innovación en orden a que cada estudiante vaya alcanzando, progresivamente, las metas previstas.

Hay que obtener todas las virtualidades que nos ofrece el modelo de evaluación continua y de carácter formativo que tenemos asumida en la legislación española desde la Ley General de Educación de 1970, y que se ha mantenido a lo largo de todas las leyes siguientes hasta la actual. Pero que la resistencia al cambio parece imposibilitar su generalización, aunque, por supuesto, se hayan experimentado avances importantes por parte de numeroso profesorado y en múltiples centros.

¿Cómo y por qué la evaluación debe contribuir a la mejora de los resultados de aprendizaje? Evidentemente, apoyando y ajustando los procesos. ¿Es posible y viable este planteamiento? Por supuesto. Veamos.

Si aplicamos la evaluación entendida exclusivamente como comprobación de resultados, al final del proceso solo podremos constatar lo aprendido o no, con lo cual se pospone la posible adquisición de las competencias o saberes previstos para un periodo posterior. Lo cual recarga el programa individual de cada alumno. Además, hay que reconocer que el examen escrito evalúa "lo que puede", por lo que se deja fuera de esa comprobación, quizá, lo más importante de la educación: actitudes, competencias, valores, destrezas… Valora la memorización de conocimientos en la mayoría de los casos y no ofrece datos, tampoco, acerca del grado de comprensión de esos conocimientos. Nos lo anticipa claramente el último estudio PIRLS. Si añadimos que, a partir del examen, se obtiene una calificación numérica, podremos afirmar que con este modelo se favorece el aprender a aprobar sobre el aprender a aprender (imprescindible en la sociedad actual, en avance acelerado y permanente), que se convierte en objetivo de familias, alumnado e, incluso, profesorado.

Si cambiamos la posición final de la evaluación, la situamos al comienzo de cualquier proceso de aprendizaje −durante el que el alumnado trabajará y pondrá de manifiesto su mayor o menor consecución de lo previsto− y utilizamos variadas técnicas de recogida y análisis de datos necesarios para evaluar (observación, entrevista, encuesta, sociometría, fotovoz, grabación, triangulación, análisis de contenido...), que plasmaremos en diversos instrumentos (lista de control, escala de valoración −rúbrica−, anecdotario, audio, vídeo, etc.), estaremos en disposición de ajustar el proceso cuando surjan dificultades y, también, reforzarlo en todo lo positivo que vaya apareciendo. Y en esto consiste, fundamentalmente, el modelo de evaluación continua y formativa, que, además, permite elaborar informes descriptivos dirigidos a las familias, que verán así favorecida su colaboración en la educación de sus hijos, al contar con información sobre los aspectos en que estos necesitan apoyo o presentan talentos que se deben estimular.

En definitiva, podemos sintetizar los beneficios que la evaluación personalizada presenta para contribuir a la mejora de procesos y, en consecuencia, de resultados:

− Favorece la descripción cualitativa de los aprendizajes, al describir lo conseguido y lo que queda pendiente de alcanzar.
− Evita el número para eliminar las comparaciones inadecuadas.
− Fomenta la cooperación, no la competitividad; los alumnos conocen los talentos y las dificultades de sus compañeros, lo que favorece la colaboración activa en trabajos comunes.
− Promueve la autoevaluación, al ser conscientes de sus logros y sus aprendizajes pendientes.
− Propicia el desarrollo de la autonomía personal y la competencia de aprender a aprender, pues se les ofrecen datos sobre sus consecuciones y dificultades.
− Facilita la colaboración de las familias con la escuela en la educación del alumnado, pues esta recibe la información necesaria para saber en qué puede apoyar a sus hijos para que sigan adelante.

Si se aplica una evaluación con estas características, cambiará radicalmente la escasa función que ahora cumple, limitándose a una constatación de resultados, pasando a conformar un factor evidente de mejora al permitir conocer al alumnado y, de este modo, ajustar de modo constante la forma de enseñar a la forma de aprender del grupo.

Aprovecho estas reflexiones para enlazarlas con los múltiples comentarios que están apareciendo en estos días sobre los resultados obtenidos en PISA. Tengamos en cuenta la importancia de utilizar la evaluación personalizada para conseguir que, cada estudiante, comparándose consigo mismo, avance año a año, día a día, en su progreso personal y en su mejor aprendizaje. Este planteamiento es igualmente válido para los centros como instituciones: es preferible comparar los avances en los resultados propios que con otros contextos que poca relación tienen con nuestra realidad. Hay que seguir superando este bache, en buena parte debido a la pandemia, y para ello debemos implementar todos los recursos a nuestro alcance, entre ellos la evaluación, como condicionante decisivo de los procesos educativos.

Madrid, 11 de diciembre 2023

LA EVALUACIÓN FORMATIVA, FACTOR CLAVE PARA LA INCLUSIÓN

LA SOCIEDAD COMO MARCO DE ACTUACIÓN EDUCATIVA

Cada época marca unas condiciones de vida que sirven de contexto de convivencia para la ciudadanía del momento. Las características sociales de la actualidad la señalan como una sociedad de la información y del conocimiento, tecnológica, intercultural, con gran movilidad, global…, lo que debe incidir de forma directa en el modelo de educación para las jóvenes generaciones, formándolas para el mundo que les toca vivir.

En la práctica totalidad de los países desarrollados se ha optado por un modelo inclusivo de educación, entendiendo que esa diversidad personal, grupal, cultural, que aparece en la sociedad tiene reflejo inmediato en la escuela y que, por ello, es imprescindible aprender a convivir en el respeto a la diferencia. Ese respeto no se logrará nunca si no se favorece el conocimiento mutuo de esas personas diversas, diferentes, que tendrán que relacionarse en el trabajo, en el ocio, en la casa, etc.

Si se educa a toda la población en unos mismos entornos educativos, se favorecerá ese reconocimiento de talentos, de posibilidades, de enfoques que cada persona aporta a la sociedad, que se enriquece con la diferencia. No es un problema, es un importante reto a cuya superación debemos contribuir desde el conjunto social. La escuela inclusiva escolariza a todo el alumnado en las mismas aulas y cuenta con medios suficientes como para atenderlos con la mayor calidad a cada uno de ellos, en función de sus peculiaridades. De otro modo, difícilmente alcanzaremos nuestro propósito firme de vivir en una sociedad incluyente, sin exclusiones de ningún tipo.

Para incluir no hay que separar. En un aula diversa por principio (siempre lo ha sido, aunque no se haya aceptado hasta épocas recientes) se hace necesaria la flexibilidad curricular y organizativa, de manera que no intentemos, como siempre, que sea el niño el que se adapte a un sistema rígido de aprendizaje, sino que sea el sistema el que procure ofrecer respuestas variadas y ajustadas a las peculiaridades de ese alumno o alumna singular, como lo son todos los que componen cada grupo, aunque todos, también, tengan la misma edad. Capacidad, talento, historia personal, contexto familiar y social, ritmo y estilo de aprendizaje, motivaciones e intereses, itinerancia/migración, entornos vulnerables o aislados, hospitalización, convalecencia, etnia, cultura… Son muchas las circunstancias personales que pueden concurrir en el mismo estudiante y debemos conocerlas para atenderlo de la mejor manera posible con los medios de que disponemos en la actualidad.

Entre los elementos educativos destacados para conseguir nuestro objetivo, la evaluación se muestra como uno de los más poderosos para cambiar el modelo rígido y uniformador de los sistemas tradicionales. De ello trataremos en las páginas que siguen.

La evaluación en el sistema educativo

Aunque se insiste mucho en la necesidad de personalizar la educación para obtener los mejores resultados de aprendizaje del alumnado, pareciera, no obstante, que la evaluación quedara fuera de esos planteamientos de atención singular.

En general, los sistemas educativos actuales, en su afán por alcanzar y mejorar la calidad de sus procesos y, en consecuencia, la mayor preparación de la población para incorporarse a la sociedad, van emitiendo nuevas normativas, nuevas leyes, que intentan superar situaciones pasadas que ya no se corresponden con las exigencias de nuestros contextos en estos momentos. Si bien hay que dejar constancia de que, casi nunca (por no decir directamente que nunca), se realiza una evaluación del sistema que se pretende reformar, que se quiere modificar para mejorar, por lo que, permanentemente, se corre el riesgo de cambiar lo que no se debe —por su buen funcionamiento comprobado en la práctica diaria del aula—, mientras que se dejan aspectos claramente negativos que inciden en los resultados no deseados del sistema. Así, ya se excluye la evaluación como si no formara parte del sistema, cuando resulta evidente que sin datos fiables y válidos obtenidos mediante una evaluación rigurosa no es posible adoptar decisiones acertadas…, especialmente desde las Administraciones responsables de la educación, alejadas en demasiadas ocasiones de la realidad de las escuelas y de las aulas.

Esta misma reflexión se puede trasladar a la evaluación institucional de las escuelas y a la evaluación de aprendizajes del alumnado. El funcionamiento de la escuela, como el de cualquier otra organización o institución, podría mejorar en su día a día si la cultura de la evaluación se instalara en su quehacer habitual. Pero el concepto y la imagen que se manejan de la evaluación no hace fácil su adopción voluntaria y positiva, sino que más bien produce un rechazo casi innato al pensar en llevar a cabo una evaluación interna institucional, una autoevaluación de nuestro propio desempeño docente, de forma continuada y con funcionalidad formativa. No para castigar, no para etiquetar a nadie, no para excluir ni clasificar… No. Simplemente para conocer cómo estamos funcionando, detectar los puntos fuertes que deben mantenerse, las áreas que se deben mejorar… De manera que, paulatinamente, la escuela se mantenga al día en cuanto a las exigencias externas que se le plantean y responda adecuadamente, ofreciendo opciones actualizadas a la población y continúe manteniendo el protagonismo que le corresponde —y que no debe perder— como base de la sociedad futura.

No me refiero ahora a la evaluación de aprendizajes, porque será objeto principal de este texto, pero, evidentemente, resulta urgente la adopción de un modelo de evaluación que se corresponda con los planteamientos inclusivos del sistema, vigentes y de obligado cumplimiento con la actual normativa. Si la evaluación no es la apropiada dentro del diseño curricular previsto, las metas establecidas relacionadas con la personalización de la enseñanza y el óptimo aprendizaje del alumnado —de cada alumno y de cada alumna— no se alcanzarán, porque el modelo de evaluación condiciona todos los planteamientos anteriores y, por lo tanto, dirige los procesos educativos que se producen en las aulas. Hay que "acertar" en la selección del modelo evaluador para conseguir la educación inclusiva que ahora nos ocupa y preocupa y, con ella, la mejor atención y los mejores resultados de cada educando (Casanova, 2017).

EL DISEÑO CURRICULAR, EJE DE LA ACTUACIÓN EDUCATIVA EN LAS AULAS

Ante los permanentes cambios de legislación que se vienen produciendo, como ya comentamos anteriormente, parece lo más pertinente abordar las cuestiones esenciales que componen la educación y que suelen permanecer, por mucho que se les cambie el nombre. A veces, se cambia el nombre para seguir haciendo lo mismo de siempre. Y así no se avanza en la realidad escolar.

Obviaré, por ello, denominaciones más o menos actuales, aunque efímeras, para tratar de planteamientos que puedan perdurar, a pesar de las distintas formas de nominarlos.

Cuando hablamos de diseño curricular (Casanova, 2015) nos estamos refiriendo, de forma genérica, a los elementos que componen los programas que pretendemos llevar a cabo para producir los hechos educativos más favorables y conseguir los objetivos de formación/educación de nuestro alumnado, sea cual fuere la etapa en la que se encuentra. En función de esa etapa y, por lo tanto, del momento evolutivo de los estudiantes, el diseño deberá adaptarse en sus contenidos y planteamientos internos, si bien se mantienen los elementos que lo constituyen básicamente.

Durante muchos, muchos años, se han mantenido los elementos curriculares tradicionales: propósitos u objetivos, contenidos, metodología y evaluación. Con ellos se ha manejado el diseño curricular a lo largo del tiempo, dentro de un modelo tradicional de enseñanza que, en principio, respondía a lo exigido por la sociedad del momento: conseguir aprendizajes instrumentales básicos (comunicación oral y escrita, cálculo), dominar los contenidos (conceptuales, inicialmente) considerados como imprescindibles para manejarse laboral y socialmente…, todo lo cual parecía poder demostrarse mediante una prueba escrita al finalizar diferentes etapas de la educación institucional. Sistema válido para una determinada sociedad, sin duda.

Pero los avances en múltiples campos del saber (psicología, pedagogía, neurociencia, tecnología, ciencias en general, etc.) y los cambios producidos en la sociedad, en buena parte debidos a esos avances citados, han ampliado las relaciones personales, han conectado a la persona con el mundo global, han permitido acceder a los saberes en pocos minutos y a través de tecnologías de la comunicación accesibles a gran cantidad de población, han favorecido la movilidad y, en consecuencia, la interculturalidad respetuosa… Y podríamos continuar enumerando características de nuestra sociedad actual que obligan, sin duda, a que la educación institucional responda de forma radical e inmediata a las nuevas exigencias, si quiere mantener el papel protagonista que viene teniendo desde siempre, sin ser sustituida por otros medios, muy poderosos, que ya están influyendo −quizá demasiado− de modo decisivo en la educación de nuestros jóvenes (De la Herrán y Medina, 2023).

Esto puede justificar los cambios legales que antes se han comentado, como búsqueda de respuestas a la sociedad líquida e incierta en la que vivimos. Uno de los que nos interesa destacar, relacionado con el currículum, es la incorporación de las competencias como elemento curricular referente en su planteamiento (Casanova, 2012). Dado que ahora no es problema el acceso a la información, de lo que se trata es de que la persona sepa discernir la validez de la misma; es decir, debe ser capaz de disponer de pensamiento crítico y autonomía suficiente como para tomar opciones de vida de forma independiente, sin manipulaciones no deseadas. Y debe adquirir las competencias necesarias para manejarse en este mundo, que no es el del siglo XIX. No basta con memorizar conocimientos, sino que hay que saber aplicarlos funcionalmente. Y en eso consiste el dominio competencial.

Todo es importante: conocimientos, destrezas, habilidades…, pero con garantías de que son adquiridos realmente. Y eso se demuestra siendo "competentes" en las diferentes actuaciones de la vida. No descartamos nada, pero incorporamos funcionalidad a lo aprendido.

Una observación antes de finalizar este apartado: los elementos curriculares deben mantener la coherencia interna suficiente como para constituir un discurso comprensible para quien lo recibe. Si varía uno de los elementos, hay que variar el resto para conservar esa coherencia. Un ejemplo: si modifico los propósitos deseables, habrá que seleccionar nuevos contenidos que nos conduzcan a ellos, al igual que los materiales didácticos o las actividades que, igualmente, permitan alcanzar esos nuevos propósitos. Todo debe ajustarse de nuevo, en orden a lograr las metas perseguidas.

La evaluación, ¿un elemento curricular diferente?

He obviado comentarios sobre la evaluación, porque a ello nos vamos a dedicar en los apartados siguientes.

Pareciera, como ya anticipaba, que la evaluación quedara fuera prácticamente de las propuestas de mejora de los aprendizajes, en nuestro caso. Hay una gran insistencia en la necesidad de incorporar estrategias metodológicas nuevas, diversificadas, que permitan atender a la diversidad y, así, ofrecer respuestas a la singularidad de cada estudiante (Alba Pastor, 2017; Elizondo, 2023). Pero atendiendo a esa coherencia curricular interna imprescindible, si cambiamos la metodología, hay que cambiar obligadamente el modelo de evaluación. No es posible proponer un aprendizaje basado en proyectos, por ejemplo, y pretender evaluar, al final del mismo, con un examen escrito... ¿De qué? Lo importante del proyecto ha sido el recorrido realizado por alumnos y alumnas durante su práctica: han buscado información, la han compartido, han propuesto objetivos, han diseñado las actividades que debían realizar, han repartido responsabilidades, han llevado a cabo un trabajo cooperativo... Y todo este valioso bagaje, ¿se puede evaluar en un examen? Yo creo que no. El examen puede comprobar la adquisición (en el mejor de los casos) de algunos conocimientos, pero el resto —es decir, lo más importante de la educación— se queda sin valorar. Y, como todos sabemos, lo que no se evalúa, desaparece del sistema. No le importa a nadie. Ni siquiera, en muchos casos, a los profesionales de la educación, que se dedican a preparar —entrenar— a sus alumnos para superar determinadas pruebas, sin importarles los aprendizajes reales que hayan podido conseguir.

Por otro lado, hay que reconocer que la legislación plasma, como modelo de evaluación, que este debe ser continuo, formativo..., pero reconozcamos que ese planteamiento está aceptado desde hace muchos años —al menos, legalmente— y que, no obstante, no se termina de implementar en las aulas de forma generalizada; es decir, en todas, como sería lo correcto si se "obedeciera" a la normatividad. En España —por citar una caso cercano y real— la evaluación continua y formativa está implantada desde la Ley General de Educación de 1970. O sea, hace 53 años. Y seguimos insistiendo y "predicando" el modelo, porque no se acaba de aplicar como se debe. Habrá que reflexionar sobre las causas de esta "desobediencia anunciada".

Pero continuaremos reivindicando que la evaluación es un elemento curricular definitivo para conseguir la mejora de los aprendizajes. Si la ubicamos al comienzo de la actividad didáctica, concretando los aprendizajes que queremos conseguir en un instrumento apropiado (lista de control, escala de valoración), podremos ir observando y anotando lo que cada estudiante va dominando, con lo cual dispondremos, día a día —o semana a semana— de una fotografía sobre cómo progresa nuestro alumnado (ver figura 1). De esta manera, si falla la consecución de un aprendizaje, podremos modificar lo necesario para convertirlo en más accesible; y si algún alumno no progresa al ritmo previsto, también lo detectaremos para averiguar qué ocurre y cómo superar la situación de dificultad aparecida. Con un solo golpe de vista tenemos a nuestro alcance la situación de aprendizaje de todo el grupo con el que trabajamos.

Por otra parte, al establecer los aprendizajes previstos secuencialmente, el instrumento elaborado se convierte en una guía para la enseñanza (Casanova, 2019). Podemos asegurar que no "se nos olvida" nada importante, porque lo tenemos reflejado por escrito en nuestro documento de evaluación, pensado y ajustado en cada momento.

Algo más. El disponer de esta amplia información, nos permite facilitar datos a las familias acerca de la evolución de sus hijos, con lo cual favoreceremos su colaboración —imprescindible— con la escuela para llegar a las metas previstas y deseadas por toda la comunidad escolar. No basta con asignar un número, hay que describir con palabras la situación educativa de cada estudiante.

¿QUÉ EVALUACIÓN RESPONDE A LAS EXIGENCIAS DE UNA SOCIEDAD INCLUSIVA?

Continuemos avanzando en nuestras reflexiones. En muchas ocasiones el profesorado se plantea: ¿cómo implementar la educación inclusiva en la escuela, si la sociedad es claramente excluyente? La respuesta es obvia: precisamente porque queremos una sociedad inclusiva. Si no es inclusiva la educación, ¿desde qué otro ámbito u organización social se encargarán de conseguir la inclusión en el conjunto social? Creo que no hay ninguna mejor preparada para llevar a cabo las acciones necesarias y alcanzar los objetivos inclusivos que se pretenden. Las edades iniciales de modelación de la personalidad son las que se desarrollan durante las primeras etapas de la educación: inicial, preescolar, primaria, secundaria... Y es entonces cuando la organización y el planteamiento sistémicos deben estar atentos para ejercer esa labor educadora plena, que oriente a la persona hacia la consecución de caracteres íntegros, éticos, de visión amplia, cooperativos, respetuosos..., y un largo etcétera que se corresponde con el ciudadano inclusivo que conformará la sociedad que queremos.

Figura 1: Modelo de lista de control para la evaluación de la educación plástica y visual (Educación Secundaria)

Propósitos /Alumnos	A1	A2	A3	A4	A5	A6	A7	A8	A9
Identificar diferentes formas naturales: – Árboles – Nubes – Montañas									
Identificar diferentes formas artificiales de su entorno: – Casas – Figuras geométricas – Cuadros									
Conocer el vocabulario propio del lenguaje visual y plástico									
Reconocer la imagen como representación de la forma									
Clasificar diferentes tipos de imagen									
Relacionar las formas e imágenes conocidas									
Demostrar interés por las diversas artes plásticas									

Respetar las diferentes tendencias plásticas de la actualidad									
Aceptar manifestaciones culturales alejadas de los gustos personales									
Valorar críticamente la repercusión de las innovaciones técnicas en el mundo del arte									

Fuente: elaboración propia

El tradicional modelo de evaluación, como venimos afirmando, se ajusta a una enseñanza que pretende (al menos, formalmente) que el alumnado adquiera unos conocimientos concretos, mediante unos métodos determinados, habitualmente basados en el estudio, la memorización y la repetición. En definitiva, un modelo de evaluación academicista, final, cuyos resultados se expresan numéricamente y que puede caracterizarse por los siguientes rasgos:

– Utiliza el número como expresión de los resultados, por lo que no ofrece la información necesaria acerca de los aprendizajes alcanzados o no, para poder avanzar con el suficiente conocimiento de la situación singular de cada alumno.

– Es simplista y reduccionista en cuanto a los resultados del aprendizaje: un número no expresa lo que aprende un estudiante.

– Favorece la comparación, la selección, la comprobación, la clasificación…, basadas en una cifra que no tiene el mismo significado en todos los casos. Siempre dependerá del profesor que la emite, de las expectativas acerca del alumno, de los criterios seleccionados; datos que, por otra parte, no se explicitan en modo alguno.

– Se sitúa al final de los procesos, lo cual impide tomar medidas de mejora en el momento en que es posible superar las dificultades surgidas.

– Tiende a homogeneizar a la población, al aplicar la misma prueba para todos, sin considerar las peculiaridades de cada alumno.

– Dificulta la colaboración educativa con las familias, pues estas no disponen de información suficiente para apoyar a sus hijos en los aspectos necesarios para su formación.

Por el contrario, si se aplica un modelo de evaluación formativa y, por lo tanto, obligadamente continua –no olvidemos que la evaluación formativa es la que evalúa procesos, no resultados–, permite transformar todas las premisas expuestas anteriormente, ya que:

– Favorece la exposición cualitativa de los aprendizajes, al describir lo conseguido y lo que queda pendiente de alcanzar.
– Evita el número para eliminar las comparaciones inadecuadas.
– Fomenta la cooperación, no la competitividad; los alumnos conocen los talentos y las dificultades de sus compañeros, lo que favorece la colaboración activa en trabajos comunes.
– Promueve la autoevaluación, al ser conscientes de sus logros y de sus aprendizajes pendientes.
– Propicia el desarrollo de la autonomía personal y la competencia de aprender a aprender, pues se les ofrecen datos sobre sus consecuciones y dificultades.
– Facilita la colaboración de las familias con la escuela en la educación del alumnado, pues esta recibe la información necesaria para saber en qué puede apoyar a sus hijos para que sigan adelante.

Podemos corroborar estas premisas importantes para aplicar un modelo de evaluación apropiado para la educación inclusiva, con alguna de las recomendaciones, en concreto la segunda, del documento de UNESCO: *Reimaginando la educación*: "Reemplazar el credencialismo y la meritocracia que enfrenta a los individuos entre sí, con la potencialidad, que se enfoca en uno mismo y en la evaluación del crecimiento personal a lo largo del tiempo". En definitiva, explicita que los responsables de las decisiones en política educativa deberán tomar medidas "que permitan centrarse en el potencial de cada uno y evalúen el proceso de aprendizaje individual, en lugar de centrarse en una evaluación basada en calificaciones o méritos y comparar a los alumnos entre sí". En estos momentos, en que se han conocido hace unos meses los resultados de PISA 2022, hay que reivindicar que la mejor postura para avanzar es compararse con uno mismo, tanto a nivel individual como institucional, para lo cual es preciso favorecer la cultura de la evaluación interna de las escuelas (así se podrán tomar decisiones inmediatas cuando se produzcan disfunciones), por una parte, y también promover la reflexión personal sobre cómo vamos logrando −o no− los propósitos previstos. Esta postura ayudará a modificar el camino −o los caminos− con objeto de llegar a la meta requerida.

Es fácil deducir que el modelo de evaluación continua y formativa es el que responde clara y coherentemente con los objetivos que se proponen en la educación inclusiva, ya que personaliza la evaluación y permite ir ajustando, durante el proceso, las actuaciones necesarias para que cada alumno supere sus dificultades singulares, a la vez que, igualmente y con los mismos procedimientos, aproveche al máximo sus fortalezas, sus talentos para recorrer la ruta prevista.

Evaluación personalizada para la educación inclusiva

Con todo lo expuesto hasta ahora, la deducción evidente es que para conseguir una educación plenamente inclusiva hay que personalizar la evaluación. No es posible hacerlo si, después de variar las estrategias metodológicas para atender a la diversidad individual del alumnado (Sánchez Fuentes, 2023), pretendemos comprobar los resultados mediante una única evaluación final, igual para todos, de carácter escrito y puntual. Es un procedimiento que tiende a homogeneizar a la población, con lo cual se queda en la valoración de lo conseguido o, más exactamente, de lo memorizado para exponerlo en un examen habitualmente escrito; es decir, que valora lo que se puede en una prueba de este tipo, dejando sin evaluar lo más importante de la educación, como antes citamos. Por otra parte, el efecto perverso de esta utilización de la evaluación es que, en definitiva, lo que importa al alumnado y a sus familias −e incluso al profesorado− es que se apruebe, no que se aprenda (Casanova, 2023). Esto, como resulta obvio, pervierte totalmente el sentido y los objetivos pretendidos por la educación inclusiva. Nuestros alumnos, así, aprenden a aprobar en lugar de aprender a aprender, competencia que les garantizaría la actitud de aprendizaje permanente, a lo largo de toda su vida, que resulta imprescindible en la sociedad actual, que avanza en conocimientos y descubrimientos de forma exponencial día a día.

Sintetizando el contenido de este texto, podemos concluir que para que la evaluación apoye la mejora de la calidad educativa de todo el alumnado (no solo de ese "alumno medio" inexistente), debe cumplir algunos requisitos ineludibles (Casanova, 2023; Soriano y Cala, 2016):

a) Que se aplique con funcionalidad formativa, mediante su aplicación continua. Para ello, debe implementarse desde el comienzo del proceso de enseñanza y de aprendizaje, no al final.

b) Que se tome en cuenta la evaluación idiográfica, es decir, la que valora los aprendizajes en relación con las posibilidades/capacidades personales, no solo con criterios externos a la persona evaluada. Hay que combinar tipología de criterios.

c) Que se realice a través de técnicas e instrumentos que permitan conocer las peculiaridades del alumnado en su proceso de aprendizaje (observación, entrevista, encuesta, fotovoz, grabación…; triangulación, análisis de contenido; anecdotario, lista de control, escala de valoración, rúbrica, cuestionario, vídeo, fotografía, audio…). Si la evaluación debe ser formativa, los procedimientos utilizados también deben serlo.

d) Que los informes (a las familias, al resto del profesorado, al propio alumno) sean descriptivos, no numéricos, de manera que fomenten la autoevaluación, la secuencia adecuada del aprendizaje en la escuela y la colaboración de las familias en la educación de sus hijos.

Si se aplica una evaluación con estas características, cambiará radicalmente la escasa función que ahora cumple, limitándose a una constatación de resultados, pasando a conformar un factor evidente de mejora e inclusión al permitir conocer al alumnado y, de este modo, ajustar de modo constante la forma de enseñar a la forma de aprender del grupo y de cada uno de sus integrantes.

A MODO DE CONCLUSIÓN

Si este planteamiento siempre ha sido necesario, los tiempos que vivimos en esta sociedad "líquida" (Bauman, 2022) e "incierta" (Morin, 1999), que se ha puesto en evidencia, sobre todo, a partir de la pandemia aparecida en el año 2020, obligan a tomar decisiones más valientes para conseguir superar las dificultades que se presentaron para la continuidad de la educación cuando se cerraron las escuelas, a nivel mundial, y que ha supuesto una pérdida de aprendizajes en buena parte de la población escolarizada y, por desgracia, casi siempre la perteneciente a los grupos más vulnerables, pues ni contaban con medios tecnológicos adecuados para seguir su formación a distancia, ni las familias disponían de nivel suficiente como para apoyarlos de modo apropiado.

Se debe evaluar lo importante para convivir en la sociedad actual: competencia comunicativa, capacidad de cooperación y colaboración, autonomía personal para la toma de decisiones, actitud de aprendizaje permanente…, aspectos que no se evalúan con un examen escrito, ni se expresan con un número, sino implementando las estrategias metodológicas adecuadas en el aula que permitan desarrollar esas capacidades y valorarlas día a día mediante la evaluación continua que favorezca llevar a cabo los cambios que, en su caso, resulten apropiados para superar las disfunciones que puedan surgir en el camino hacia la meta deseada.

Siguiendo el modelo propuesto, entendemos que la evaluación tendrá el importante papel que le corresponde en la mejora de la calidad educativa para toda la población, sean cuales fueren sus peculiaridades, pues permitirá avanzar a nivel individual y social, llegando a conformar la sociedad inclusiva imprescindible en la actualidad, cuando la educación permanente obliga a mantener estos principios a lo largo de toda la vida.

REFERENCIAS BIBLIOGRÁFICAS

Alba Pastor, C. (coord.) (2017). *Diseño Universal para el Aprendizaje: Educación para todos y prácticas de enseñanza inclusivas*, Morata.
Bauman, Z. (2022). *Modernidad líquida*, Fondo de Cultura Económica.
Casanova, M. A. (2007). *Evaluación y calidad de centros educativos*, La Muralla, 2.ª edición.
Casanova, M. A. (2012). *La evaluación de competencias básicas*, La Muralla
Casanova, M. A. (2015). *Diseño curricular e innovación educativa*, La Muralla, 3.ª edición.
Casanova, M. A. (2017). *Educación inclusiva en las aulas*, La Muralla.
Casanova, M. A. (2019). La evaluación como guía de enseñanza, *Revista Innovamos*, 17 de febrero. www.revistainnovamos.com
Casanova, M. A. (2023). *Manual de evaluación educativa*, La Muralla, 13.ª edición.
De la Herrán, A. y Medina, A. (coords.) (2023). *Didáctica General: formarse para educar*, Octaedro.
Elizondo, C. (2023). *Neuroeducación y diseño universal para el aprendizaje. Una propuesta práctica para el aula inclusiva*, Octaedro; 5.ª edición.
Morin, E. (1999). *Los siete saberes necesarios para la educación del futuro*. UNESCO
PISA 2022. Programa para la evaluación internacional de los estudiantes. Informe español. (2023). Ministerio de Educación, Formación Profesional y <Deportes. https://www.educacionyfp.gob.es/dam/jcr:91f26ac3-0a3b-4efa-b2ce-a5d-791229f4d/pisa-2022-informe-completo-digital-low.pdf>
Sánchez Fuentes, S. (2023). *El Diseño Universal para el Aprendizaje. Guía práctica para el profesorado*, Narcea.
Soriano, E. y Cala, V. C. (2016). *Fotovoz: un método de investigación en ciencias sociales y de la salud*, La Muralla.
UNESCO (2021). *Reimaginando la educación*, UNESCO.

México, enero-junio 2024

EL RENDIMIENTO SATISFACTORIO, CLAVE DEL ÉXITO ESCOLAR

En los últimos meses y debido, fundamentalmente, al impulso dado durante la implementación de la nueva Ley de Educación, se viene haciendo hincapié en la necesidad de aplicar la evaluación formativa para mejorar los procesos de aprendizaje (sobre todo) de cara a que los resultados mejoren del mismo modo, de acuerdo con la interrelación que debe mantener el diseño curricular propuesto entre todos sus elementos.

En efecto, la evaluación formativa valora los hechos educativos en los mismos momentos en que estos se producen, lo cual permite y favorece apoyar los aspectos que están resultando positivos y revisar o modificar lo que no responda a lo planteado inicialmente. Con esta retroalimentación permanente, es posible que todo el alumnado vaya progresando en función de sus posibilidades y de su propio ritmo de aprendizaje, sin dejar atrás a nadie.

Resulta más importante considerar este tipo de evaluación con el actual enfoque curricular, que no se conforma con la memorización automática de conocimientos —que, en muchos casos, ni se comprenden—, promoviendo este que aboga por la valoración de lo aprendido mediante realizaciones de diferente tipo, diversificadas y apropiadas a las características personales del alumnado. Se personaliza la evaluación y se lleva a cabo en coherencia con el vigente modelo curricular inclusivo.

Pero no nos podemos quedar en este mero planteamiento teórico, porque las situaciones educativas son complejas, como lo es la persona, y en muchas ocasiones no es fácil decidir hasta qué punto se ha logrado el rendimiento esperado, ni si es el adecuado para ese estudiante concreto. Cada alumno es diferente y es imprescindible tener en cuenta su singularidad en el momento de tomar las mejores opciones para su futuro.

Para poder llegar a estas conclusiones, siempre importantes, es necesario manejar adecuadamente los conceptos de rendimiento suficiente y rendimiento satisfactorio, que deberían coincidir, pero que no siempre lo hacen −como es obvio para cualquier docente con experiencia− y que suponen, en muchos casos, conflictos en el momento de decidir la valoración de lo conseguido por parte de determinado alumno.

Hablamos de *rendimiento suficiente* cuando el alumnado alcanza las competencias establecidas en el sistema, superando los criterios de evaluación fijados para cada situación de aprendizaje trabajada. Se corresponde, por tanto, con la evaluación criterial, cuya referencia para decidir su logro es externa al estudiante.

Por otra parte, el *rendimiento satisfactorio* implica que el alumno ha alcanzado el máximo rendimiento posible en función de sus propias posibilidades o capacidades iniciales. En este caso, tomamos como referencia la evaluación idiográfica, que se apoya en criterios internos para decidir si se ha logrado lo esperado de la persona evaluada.

La situación ideal se produce cuando el rendimiento suficiente y satisfactorio coinciden; es decir, cuando el alumno ha dado el máximo en lo personal y, además, ha conseguido superar los criterios establecidos externamente en el diseño curricular.

Pero, como anticipábamos, no siempre se produce esta situación. Pensemos en un alumno con alta capacidad intelectual que, evidentemente, podrá lograr sin problema ese rendimiento suficiente e, incluso, llegar más allá de lo requerido. Pero que, si se consideran sus capacidades iniciales, más altas que las de la mayoría, podría llegar a dominar otras y más competencias que las exigidas para "aprobar" el curso en el que se encuentre. Añadimos: puede haber alcanzado los saberes relacionados con los conocimientos y, en función del tradicional examen que se sigue utilizando para evaluar, a pesar de sus limitaciones, no tener adquiridas ni destrezas ni actitudes que le serán imprescindibles para la vida. Si se evaluara correctamente, ese alumno debería tener que superar todos los criterios formulados para considerar que, en efecto, dispone de un rendimiento suficiente y satisfactorio. De lo contrario, podremos hablar de rendimiento suficiente (con reservas), pero en ningún caso de rendimiento satisfactorio.

Vamos a otra situación que puede resultar habitual en el modelo de educación inclusiva: la del alumnado con necesidad específica de apoyo educativo que, en muchos casos, se esfuerza al máximo durante su proceso de aprendizaje y alcanza todo lo esperado de él en función de sus características personales. Pero, no obstante, no logra superar los criterios de evaluación prescritos para contar con la titulación o el aprobado exigido para seguir adelante en determinados estudios. Evidentemente, su rendimiento es plenamente satisfactorio, pero no suficiente de acuerdo con la norma establecida. Si viviéramos en una sociedad realmente inclusiva y menos burocratizada, esto no debería plantear ningún problema para la persona, pues con una certificación de las competencias alcanzadas y la orientación hacia las profesiones que pudiera desempeñar, resultarían plenamente conseguidos los objetivos del sistema educativo. El problema se produce cuando se siente la frustración, por parte de alumnado y familias, al comprobar que, a pesar del esfuerzo y las consecuciones excelentes alcanzadas, no se le da ese "título" tan imprescindible, a veces, en la sociedad competitiva y bastante excluyente en la que todavía nos desenvolvemos.

Insisto en que lo ideal es conseguir que cada estudiante logre ambos tipos de rendimiento, pero que, en situaciones determinadas (la segunda, especialmente, en casos de discapacidad intelectual), puede resultar difícil o imposible. Pero el modelo educativo vigente debe apostar, esencialmente, por conseguir el rendimiento satisfactorio del conjunto de la población escolar: será la garantía de que la persona mantenga una actitud de aprendizaje permanente a lo largo de la vida y que, por supuesto, sea capaz de conseguirlo y continuar aportando sus talentos a la sociedad y de renovar su proyecto de vida de modo totalmente vigente. Entiendo, además, que un estudiante sin dificultades específicas de aprendizaje, si alcanza el rendimiento satisfactorio es que también ha logrado el suficiente.

Creo que no podemos abandonar estas reflexiones en el momento de evaluar los aprendizajes del alumnado, sobre todo en las etapas de educación obligatoria. No hay que olvidar nada de la teoría que conocemos sobre evaluación, para aplicarla a la práctica en las aulas −donde se realiza la educación− y que no se quede en una mera declaración de buenas intenciones, como sucede en tantas ocasiones.

Es hora ya de pisar el acelerador y hacer realidad la evaluación formativa y la consideración del rendimiento satisfactorio como quicios de la innovación imprescindible en las aulas si se quiere poner al día un modelo educativo acorde con las exigencias personales y sociales de este siglo XXI, que avanza sin tregua.

Madrid, 25 de abril de 2024

EVALUACIÓN INCLUSIVA:
UN SISTEMA EDUCATIVO PARA TODOS

¿Para qué evaluar?

La evaluación es uno de los elementos que componen el diseño curricular y que, como el resto, debe contribuir a la consecución de los aprendizajes previstos para el alumnado en cada una de las etapas del sistema educativo.

Pero pareciera que, al realizar propuestas de innovación, de mejora, de reforma sistémica…, se pone de relieve la importancia de innovar en estrategias metodológicas, en la estructura curricular, en los contenidos, dejando a un lado la evaluación, situándola al final de los procesos de enseñanza y aprendizaje.

Con este planteamiento se continúa manteniendo un modelo en el que lo que importa a la sociedad, al alumnado, a las familias e, incluso, al profesorado es lograr el aprobado, al margen de los aprendizajes o competencias y desempeños alcanzados. Se da más relevancia al "papel" conseguido que a la formación recibida.

Por otra parte, al evaluar del mismo modo al conjunto de la población escolar se está ignorando la diversidad de características que posee la persona y que deben ser tomadas en cuenta en el momento de poner en práctica uno u otro modelo educativo, tanto metodológico como evaluador.

Son muchas las razones que nos llevan a reflexionar sobre el papel que juega la evaluación dentro del funcionamiento sistémico de la educación, porque si no cambiamos su enfoque, nunca cambiará la forma de trabajar en las aulas que, en definitiva, es donde se producen los hechos educativos.

El situar la evaluación al final de los procesos implica la pérdida de valor de ese transcurrir diario que supone el paso de la vida en la que se va conformando la personalidad de cada estudiante. Y ese camino es lo más importante, es en el que se enriquece la persona, como afirma Kavafis en su poema Ítaca:

> Si vas a emprender el viaje hacia Ítaca
> pide que tu camino sea largo,
> rico en experiencias, en conocimiento.

Todo el poema es una filosofía de vida que no podemos olvidar en nuestra tarea docente.

Se hace imprescindible que la evaluación forme parte del camino, del proceso de aprendizaje, para que apoye la educación de calidad a la que tiene derecho toda la población. Insisto: *toda la población, sin exclusiones* de ningún tipo.

¿QUÉ EVALUACIÓN PARA QUÉ SOCIEDAD?

La inclusión aparece en el sistema educativo como eje articulador, lo cual significa que todo el diseño curricular (reflejado en los programas analíticos a los que haya llegado cada escuela) debe respetar los planteamientos exigidos por la atención a la diversidad en las aulas, de modo que se centre en implementar estrategias metodológicas y modelos de evaluación que permitan esa educación personalizada que se nos pide, de manera que la educación inclusiva derive en la sociedad inclusiva —más equitativa, en consecuencia— que se pretende alcanzar.

En definitiva, si la inclusión no se consigue en las etapas educativas iniciales, en las escuelas, ¿qué otra institución puede asumir la responsabilidad de lograrla? Creo que ninguna, que no existe en la organización social otra instancia que sea capaz de crear las condiciones apropiadas para generar la relación humana adecuada que garantice la igualdad de oportunidades para el conjunto de la población. Los prejuicios y desconfianza entre las personas nacen del desconocimiento mutuo, por lo que la educación inclusiva, que atiende a todo el alumnado en las mismas aulas, supera esa situación al favorecer, desde los primeros años, el trato, el conocimiento, el trabajo…, de todos y entre todos. Será casi la única forma de que, al salir de la escuela, determinados estudiantes no hayan sido segregados por alguna de sus características personales: el ritmo o el estilo de aprendizaje, su capacidad o talento, su etnia, su idioma, su contexto social rural o urbano, su sexo/género, su religión, etc.

La diferencia enriquece y hace posible la sociedad. Afortunadamente, todos somos distintos y eso permite que aportemos nuestras capacidades y talentos al quehacer común y, por lo tanto, que esa sociedad se diversifique en su técnica, sus costumbres, su literatura, su pintura, su escultura, su música, su gastronomía, sus oficios…, su vida, al fin, que es lo que constituye la personalidad de cada pueblo y de la Humanidad total. Será importante conservar esta riqueza frente a la incorporación de la inteligencia artificial, que, evidentemente, nos ayudará a crecer y a dedicarnos a cultivar lo más humano de la persona, pero sin perder, precisamente, esa humanidad que nos caracteriza, con sus imperfecciones y su singularidad.

Por todo ello, el modelo de evaluación que seleccionemos para aplicar en las aulas deberá responder al cuidado de esa atención a la diversidad tan importante y necesaria para la sociedad que queremos.

En consecuencia, no nos servirá una evaluación que se limite a comprobar los resultados obtenidos por un alumno al final de un proceso, sin conocer cómo ha transcurrido este, ya que no dispondremos de datos suficientes como para poder asegurar los aprendizajes reales dominados por el alumnado. Comenzamos, así, exigiendo un modelo de *evaluación continua y de carácter formativo*, como base para posibilitar el seguimiento permanente de la evolución de cada alumno, de modo que si surge una dificultad de aprendizaje se pueda superar mediante la implementación inmediata de las actuaciones necesarias para ello. Además, tendremos en cuenta la *evaluación criterial*, basada en la superación de los criterios de evaluación establecidos normativamente para alcanzar un *rendimiento suficiente*, al igual que la *evaluación idiográfica*, que valora si ese alumno ha desarrollado al máximo sus capacidades iniciales y ha alcanzado todo lo que le es posible, en función de sus peculiaridades, obteniendo así un *rendimiento satisfactorio*. Será importante conjugar ambas valoraciones, de modo que se procure lograr que la mayoría del alumnado alcance rendimientos suficientes y satisfactorios: situación ideal para que toda la población disfrute de educación de calidad.

No obstante, admitamos que en determinados casos esto puede no ser posible, especialmente cuando educamos a personas con una importante discapacidad intelectual: alcanzarán rendimiento satisfactorio, pero será difícil que logren el rendimiento suficiente. En realidad, esto no debería incidir negativamente en el futuro de esas personas, pues elaborando un informe final donde se reflejen las competencias que desempeñan satisfactoriamente, sería suficiente para orientar su porvenir laboral y social. Sin más problemas. Lo esencial, en estas situaciones, será asegurar su mejor inserción personal con la dignidad que merece y a la que tiene derecho en una sociedad democrática. Por otra parte, hay que convenir en que este es el objetivo de toda educación obligatoria: el desarrollo óptimo de las capacidades personales, el desempeño idóneo de las competencias conseguidas, el equilibrio afectivo y emocional necesario y la socialización equilibrada que permitan la incorporación a la sociedad de toda la ciudadanía con igualdad de oportunidades para llevar a cabo una vida digna. Sea cual fuere su peculiaridad personal.

¿ES IMPORTANTE LA EVALUACIÓN PARA CONSEGUIR UNA SOCIEDAD INCLUSIVA?

Resulta fundamental, ya que el modelo seleccionado va a dirigir y a condicionar todos los procesos de enseñanza y de aprendizaje en las aulas.

Lo que se evalúa es tomado en cuenta por todos los protagonistas de la educación. Lo que no se evalúa, desaparece del sistema.

Acertar con lo esencial de la educación para darle prioridad en los criterios y el modelo de evaluación seleccionado resultará decisivo para poner en práctica el enfoque educativo que conduzca a un sistema que, efectivamente, abarque a toda la población, sin segregar a ningún sector por razones incomprensibles en la ya tercera década del siglo XXI.

Si la evaluación es personalizada, comprensiva, favorece la superación de dificultades, refuerza los aspectos positivos de la persona y de las instituciones, dispondremos de un sistema que garantice esa educación para todos que, al menos teóricamente, se propone desde cualquier sistema de los países desarrollados y democráticos.

Esperemos que las reformas sistémicas actuales consigan avanzar en modelos de evaluación que no se entiendan como clasificadores de la población, dejando al margen de la sociedad a tantas personas como ahora lo están, y consiga incorporar a una sociedad más justa al conjunto de la ciudadanía. Todos somos necesarios y todos debemos poder trabajar y colaborar en esa humanidad deseada. En definitiva, compartimos las palabras del poeta León Felipe, cuando corrobora nuestro principio básico para la educación que queremos:

> Voy con las riendas tensas
> y refrenando el vuelo
> porque no es lo que importa llegar solo ni pronto
> sino llegar con todos y a tiempo.

México, mayo de 2024

LA EVALUACIÓN, FACTOR DE CALIDAD EN LOS SISTEMAS EDUCATIVOS. ¿POR QUÉ Y PARA QUÉ EVALUAR EN EDUCACIÓN?

La evaluación tiene mala imagen

La evaluación no tiene buena imagen, en general, dentro del mundo educativo. Al menos, entre el profesorado y, sobre todo, cuando se trata de evaluar su desempeño profesional. De hecho, no existe un modelo de evaluación docente generalizado de modo oficial en nuestro país. Alguna razón debe existir para que, hasta ahora, haya sido imposible regularlo.

Cuando se publican los resultados obtenidos por España en PISA, por ejemplo, también surgen posturas encontradas en relación con su validez o no para la toma de decisiones en el futuro del sistema educativo.

Si se habla de evaluación institucional, de evaluación de centros, surgen las críticas, los miedos o los prejuicios acerca del qué y para qué se va a evaluar o cuáles serán las consecuencias de esa evaluación.

Y así podríamos seguir poniendo ejemplos concretos, entre los cuales difícilmente encontraríamos a alguien o a alguna institución que solicitara ser evaluada o que estuviera encantada de participar en un proceso semejante.

Debe haber alguna causa... Lo que nos dice la Historia

Evidentemente, no podemos achacar al azar esta posición anti-evaluación en el campo educativo. Debe pensarse que alguna causa debe originarla. Si echamos la vista atrás y consideramos el origen de la evaluación en la educación, comprobaremos que su incorporación aparece a raíz de la publicación de la obra de Henry Fayol, en 1916, *Administración general e industrial*, en la que establece tres principios básicos de funcionamiento: planificar, realizar y evaluar. Casi de modo imperceptible, se trasladan al ámbito educativo, derivando en un modelo de organización similar al de cualquier otra empresa, a pesar de las importantes diferencias que resultan evidentes entre empresas industriales e instituciones educativas. La segmentación técnica del trabajo se refleja en la aparición de especialistas en currículum, planificación, organización, evaluación, etc.; el control de tiempos y movimientos marcó la pauta para el origen de los objetivos de aprendizaje e incorporación de la evaluación entendida como control de los resultados obtenidos; los estudios del rendimiento de los obreros condujo a la valoración del aprendizaje en términos de rendimiento académico y, lo que es más grave, a su plasmación en números, como garantía de objetividad y rigor, a pesar del simplismo que supone intentar reflejar el avance personal de un niño con un número. Es fácil concluir que control empresarial y evaluación escolar evolucionaron paralelamente en los momentos iniciales de su desarrollo e implantación.

Hay que añadir la aparición, difusión y utilización masiva de los tests psicológicos, especialmente en su aplicación generalizada al ejército estadounidense en el momento de su intervención en la segunda guerra mundial. Así, el profesorado consideró haber alcanzado el instrumento definitivo para cuantificar científicamente las capacidades y el aprendizaje/rendimiento del alumnado. Por lo tanto, la evaluación surge en el sistema educativo en el marco de un paradigma cuantitativo y de mentalidad tecnocrática, cuya influencia llega hasta el momento actual.

Pero el tiempo ha pasado

Efectivamente, ha transcurrido mucho tiempo desde entonces y se han producido avances significativos en el campo científico, tecnológico, psicopedagógico y didáctico como para continuar aplicando modelos superados por el propio contexto social.

Si nos referimos estrictamente a evaluación, recordemos a Tyler (1950), Cronbach (1963) o Scriven (1967), autores que proponen funciones y enfoques evaluadores que enriquecen los planteamientos iniciales, aunque también puedan ampliarse en la actualidad.

Durante muchas décadas ha existido un fuerte enfrentamiento entre evaluadores cuantitativos y cualitativos, defendiendo sus posturas como antagónicas dentro de la evaluación sistémica. Hay que reconocer que las Administraciones educativas necesitan conocer cuál es el funcionamiento del sistema para poder tomar decisiones apropiadas en orden a su mejora. Y ese primer conocimiento les llega a través de evaluaciones cuantitativas, en las que aparecen datos estadísticamente significativos que permiten unas primeras aproximaciones sobre los puntos en los que hay que intervenir. Pero ese número, importante, no explica las causas de su correcto o incorrecto funcionamiento, por lo que se hace imprescindible dar pasos hacia el modelo cualitativo de evaluación, que explique el porqué de esos resultados. De este modo, lo cuantitativo y lo cualitativo se complementan y ofrecen toda la información precisa para adoptar medidas adecuadas a cada situación. Esta razonable postura creo que es la aceptada mayoritariamente en estos momentos.

Tengamos en cuenta, también, las aportaciones de la psicología evolutiva, de la psicología del aprendizaje, de la neurociencia, de las teorías del aprendizaje… Son muchos los factores que deben influir y determinar los cambios en el modelo de evaluación que ahora se implemente en las administraciones, en los centros y en las aulas, si no queremos seguir dando pasos al azar a ver si, casualmente, alguno responde a las exigencias sociales que se le plantean a la educación y, en nuestro caso, a la evaluación.

¿POR QUÉ EVALUAR?

A pesar de la problemática que pueda representar la evaluación en la totalidad del sistema, hay que reconocer que resulta imprescindible incorporarla de modo sistemático si se quiere avanzar sobre bases seguras.

¿Por qué debemos evaluar? Porque tenemos que conocer el funcionamiento del sistema en todos sus ámbitos de actuación. Es importante saber cómo ejerce la Administración sus funciones (si su estructura se adapta a la del sistema, si resulta funcional para los administrados, si su legislación es pertinente para la realidad del momento, si es flexible para responder a las demandas existentes...), al igual que resulta imprescindible disponer de datos acerca de la organización y funcionamiento institucional de los centros, ya que no se puede descargar toda la responsabilidad del éxito o fracaso sistémicos solamente en al alumnado −que, realmente, es lo único que se evalúa−; por fin, efectivamente, hay que comprobar hasta qué punto los estudiantes están alcanzando las competencias y objetivos previstos en cada una de sus etapas formativas: desde la educación infantil hasta la formación profesional o la universidad.

La forma válida y fiable de conocer todo este complejo mundo educativo es llevar a cabo una evaluación regular y sistemática del mismo. Sin lugar a dudas.

Hay que buscar los modelos más adecuados para cada ámbito evaluable, para cada situación, para cada uno de los aspectos que deban controlarse en los diversos momentos. Evaluaciones generales del sistema por parte de la Administración Central, evaluaciones de las Administraciones autonómicas en sus territorios de competencia, evaluaciones institucionales en los centros docentes, evaluaciones de aprendizajes dirigidas al alumnado... Serán necesarias evaluaciones cuantitativas, cualitativas, etc., y, por supuesto, mediante técnicas de recogida y análisis de datos pertinentes con los objetivos propuestos, al igual que la definición clara y concreta de las competencias previstas como fundamentales para las generaciones que se educan. Los indicadores que se formulen en cada caso determinarán el trabajo que se lleve a cabo. En definitiva, todos los pasos del proceso evaluador deberán ser coherentes con la finalidad educativa de la evaluación. Reconozcamos, por otra parte, que todo lo referido en este párrafo está regulado legalmente. Lo que es esencial es que se cumpla dentro de un clima de negociación, importante al comienzo de las evaluaciones, y de la mejor manera posible en sus diferentes momentos. De lo contrario, la evaluación podría resultar contraproducente para los fines que se tienen previstos.

¿Para qué evaluar?

Convengamos, en principio, en que la evaluación condiciona todos los procesos educativos de cualquier índole. Cuando aparece "un momento" de evaluación definido en el recorrido progresivo del sistema, automáticamente todos los procesos anteriores se ponen al servicio de esa evaluación. Por eso es tan importante "acertar" en el modelo evaluador. Porque va a condicionar el sistema en su conjunto y va a centrar la atención, de la sociedad y de los profesionales de la educación, en la superación de esas evaluaciones prescriptivas establecidas legalmente.

Si se propone un modelo de evaluación que permita y favorezca la atención a la diversidad de cuanto compone el mundo educativo −sin que eso genere desinterés o mengua en las adquisiciones formativas de los estudiantes− habremos conseguido que el quehacer administrador y docente se enfoquen hacia la mejora permanente del sistema y, en consecuencia, hacia la consecución de un incremento de la calidad educativa que recibe la población que se educa, es decir, de toda la población en las etapas obligatorias, esenciales en el avance de la sociedad democrática y equitativa que se pretende.

Para eso debemos evaluar. En todos los casos y con cualquier modelo aplicable en el momento actual, para avanzar con firmeza en la mejora de la educación ciudadana. Con todos los medios a su servicio. El camino es, quizá, más importante que la meta, en cuanto que en él se aprende, se crece, surgen relaciones afectivas, se socializa la población, se colabora; en definitiva, el camino es la vida que, por supuesto, se dirige a múltiples metas alcanzables, pero efímeras. Cuando se ha conseguido una, necesitamos otra siguiente, mejor, con mayores exigencias, para seguir caminando. Necesitamos utopías, como afirma Galeano, para progresar en lo personal y en lo profesional. Algo que no pueden olvidar los responsables de esta irrenunciable tarea que, no obstante, nos compete a todos: la educación.

Madrid, 2024

Colección AULA ABIERTA
Dirección: Mª Antonia Casanova

Títulos publicados:

CASANOVA, Mª A.: *Educación de futuro. Textos para el debate.*

CASANOVA, Mª A.: *La educación en tiempos de virus.*

CASANOVA, Mª A.: *Evaluar, ¿para qué?*

CASANOVA, Mª A. y RODRÍGUEZ, H. J.: *La inclusión educativa, un horizonte de posibilidades* (2ª ed.).

CASANOVA, Mª A. y ESCANDÓN MINUTTI, M.ª DEL C.: *La inclusión, eje articulador del sistema educativo.*

CASTILLO GARCÍA, A. M.; NAVARRO GONZÁLEZ, A. y AVILÉS DE TORRES, D.: *Unidades didácticas para educación plástica y visual.*

COHEN, L. y MANION, L.: *Métodos de investigación educativa* (2ª ed.).

CORTINA PÉREZ, B. y otros: *El profesorado de Melilla ante el uso de la web 2.0: un estudio descriptivo.*

CROLL, P.: *La observación sistemática en el aula.*

CRUZ MORENO, N. de la: *Otra manera de enseñar es posible. Modelo educativo-sistémico SAF.*

CUESTA GÓMEZ, J. L.: *Trastornos del espectro autista y calidad de vida.*

CUESTA GÓMEZ, J. L.: *Autismo y calidad de vida. ¿Cómo evaluar los servicios y programas de apoyo?*

DAVIS, G. A., y THOMAS, M. A.: *Escuelas eficaces y profesores eficientes* (3ª ed.).

DAY, CH.; HALL, C. y WHITAKER, P.: *Promoción del liderazgo en la Educación Primaria.*

DE KETELE, J.-M. y X. ROEGIERS: *Metodología para la recogida de información* (2ª ed.).

DEAN, J.: *Supervisión y asesoramiento. Manual para inspectores, asesores y profesorado asesor* (2ª ed.).

DOHERTY, G. D. (ed.): *Desarrollo de sistemas de calidad en la educación.*

DOMÍNGUEZ CHILLÓN, G.: *Los valores en la educación infantil* (6ª ed.).

DOMÍNGUEZ CHILLÓN, G.: *Proyectos de trabajo. Una escuela diferente* (3ª ed.)

DOMÍNGUEZ CHILLÓN, G. y BARRIO VALENCIA, J. I.: *Los primeros pasos hacia el lenguaje escrito. Una mirada al aula.*

DOMÍNGUEZ REBOIRAS, Mª L.: *Yo paso de notas.*

ESCUDERO ESCORZA, T. y CORREA PIÑERO, A. D. (coords.): *Investigación en innovación educativa: algunos ámbitos relevantes*

FERNÁNDEZ BRAVO, J. A. et al.: *Inventar problemas para desarrollar la competencia matemática.*

FERRERO, L.: *El juego y la Matemática* (6ª ed.).

FERRERO, L.: *Jaque a las Matemáticas.*

GAIRIN, J.: *La organización escolar: contexto y texto de actuación* (4ª ed.).

GALTON, M. y PATRICK, H.: *El currículo en la pequeña escuela primaria.*

GARCÍA GÓMEZ, T. (ed.): *Palabras y pedagogía desde Paulo Freire.*

GARCÍA-VALCÁRCEL, A. (coord.): *Didáctica universitaria.*

GAZÏEL, H.; WARNET, M. y CANTÓN MAYO, I.: *La calidad en los centros docentes en el siglo XXI.*

GENTO PALACIOS, S.: *Instituciones educativas para la calidad total* (3ª ed.).

GÓMEZ DACAL, G.: *Rasgos del alumno, eficiencia docente y éxito escolar.*

GONZÁLEZ DÁVILA, M, y otros: *Aproximación didáctica al estudio de la Naturaleza.*

GONZÁLEZ GALÁN, A.: *Evaluación del clima escolar como factor de calidad.*

GORROCHOTEGUI, A. A.: *Manual de liderazgo para directivos escolares.*

GUILLÉN, C., y CASTRO, P.: *Manual de autoformación para una didáctica de la lengua-cultura extranjera* (2ª ed.).

GUTIÉRREZ PÉREZ, J.: *La educación ambiental* (2ª ed.).

HERNÁN LOSADA, I. y SOTTO DÍAZ, A. (coords.): *Desarrollo y multidisciplinariedad para la formación de los futuros docentes.*

HERNÁNDEZ PINA, F. y GARCÍA SANZ, M. P.: *Evaluación del proyecto curricular de Educación Secundaria Obligatoria.*

HERNÁNDEZ PINA, F. y OTROS: *Aprendizaje, competencia y rendimiento en educación superior* (2ª ed.).

HERNÁNDEZ PINA, F. y SORIANO AYALA, E.: *Enseñanza y aprendizaje de las matemáticas en Educación Primaria.*

HOWARD-JONES, P.: *Investigación neuroeducativa.*

IBÁÑEZ SANDÍN, C.: *El Proyecto de Educación Infantil y su práctica en el aula* (23ª ed.).

JABONERO, M.; NIEVES, M. R. y RUANO, M. I.: *Educación de personas adultas: un modelo de futuro.*

JONES, N. y T. SOUTHGATE (coords.): *Organización y función directiva en Centros de integración* (2ª ed.).

LANDSHEERE, G. de: *El pilotaje de los sistemas educativos* (2ª ed.).

LARA, T.: *Enseñamos lo que somos. Las alas del educador.*

LARA RAMOS, A.: *La sociedad que (des)educa. Parábolas para los tiempos que corren.*

LEÓN GUERRERO, Mª. J. y ESTÉVEZ ESTÉVEZ, B.: *La inclusión educativa del alumnado con TDAH.*

LETONA, J. Mª: *Uno + uno son diez.*

LINDON, J.: *La igualdad de oportunidades en la práctica escolar.*

LINO BARRIO, J. (coord.): *El proceso de enseñar lenguas. Investigaciones en didáctica de la lengua.*

LÓPEZ RUPÉREZ, F.: *Preparar el futuro. La educación ante los desafíos de la globalización.*

LÓPEZ RUPÉREZ, F.: *La gestión de calidad en educación* (5ª ed.).

LÓPEZ YÁÑEZ, J.: *La ecología social de la organización.*

LORENZO DELGADO, M.: *El liderazgo educativo en los centros docentes* (3ª ed.).

LORENZO DELGADO, M.: *Organización de centros educativos. Modelos emergentes.*

LOZANO, J. y ALCARAZ, S.: *Respuesta educativa a las personas con trastorno del espectro autista.*

MADRID VIVAR, D. y BARCIA MORENO, M. (coords.): *Temas clave de Educación Infantil (0-6 años).*

MARTÍNEZ RODRÍGUEZ, J. B.: *Negociación del currículum. La relación enseñanza-aprendizaje en el trabajo escolar.*

MARTÍNEZ USARRALDE, M. J.: *Educación comparada.*

MIALARET, G.: *Palabras impertinentes sobre la educación actual.*

MENDOZA FILLOLA, A.: *Literatura comparada e intertextualidad* (2ª ed.).

MILLMAN, J. y DARLING-HAMMOND, I.: *Manual para la evaluación del profesorado.*

MIRANDA ARROYO, J. C.: *Cambio curricular y cultural de la Educación Básica en México.*

MOLINA GARCÍA, S.: *La escolarización obligatoria en el siglo XXI*

MOLINA GARCÍA, S.: *La escuela organizada sobre mitos: orientaciones para superarlos.*

MONTERO ALCAIDE, A.: *Veedores de ciencia y conciencia.*

MOYA OTERO, J.: *La educación como derecho. Bases para un consenso razonable.*

ORTEGA-RUIZ, R. y F. CÓRDOBA-ALCAIDE (coords.): *Educación Física y convivencia: oportunidades y desafíos en la prevención del acoso escolar.*

OSBORN, A. F. y MILBANK, J. E.: *Efectos de la educación infantil.*

PABLOS PONS, J. DE (coord.): *Los centros educativos ante el desafío de las tecnologías digitales.*

PÁRAMO IGLESIAS, Mª B. (coord.): *Conociendo el aprender a aprender y su metamorfosis en Educación Infantil.*

PASTORA, J. F.: *El vocabulario como agente de aprendizaje* (2ª ed.).

PAVÓN SCARSOGLIO, A.: *La supervisión educativa para la Sociedad del Conocimiento.*

PELLETIER, G. (coord.): *Formar a los dirigentes de la educación.*

PENALVA BUITRAGO, J.: *El nuevo modelo de profesor: Un análisis crítico.*

PENALVA BUITRAGO, J.: *Claves del modelo educativo en España. Sobre el modelo de enseñanza y de profesor.*

PÉREZ FIGUEIRAS, E. y CAMEJO ECHEMENDÍA, D.: *Síntesis gráfica de supervisión educativa.*

PÉREZ SERRANO, G.: *Investigación cualitativa. Retos e interrogantes. I. Métodos* (6ª ed.).

PÉREZ SERRANO, G.: *Investigación cualitativa. Retos e interrogantes. II. Técnicas y análisis de datos* (5ª ed.).

PERICACHO GÓMEZ, F. J.: *Sobre el oficio de enseñar*

PIZARRO DE ZULLIGER, B.: *Neurociencia y educación* (2ª ed.).

PIZARRO DE ZULLIGER, B.: *Inteligencia Artificial para docentes.*

PRADA, Mª. L. y PRÍNCIPE, Mª. T.: *Educación social y emocional. Emociónate con Coco.*

PRADO ARAGONÉS, J.: *Didáctica de la lengua y la literatura para educar en el siglo XXI* (4ª ed.).

REBOLLO, M.ª A. (Coord.): *Género e interculturalidad: educar para la igualdad.*

REIMERS, F. (coord.): *Distintas escuelas, diferentes oportunidades.*

REPETTO, E.: *Formación en competencias socioemocionales* (Libro del Formador, Libro del alumno + CD).

REYZÁBAL, Mª V.: *Didáctica de los discursos persuasivos: la publicidad y la propaganda.*

REYZÁBAL, Mª V.: *La comunicación oral y su didáctica* (8ª ed.).

REYZÁBAL, Mª V.: *Canon literario y diferencia de género en la educación.*

REYZÁBAL, Mª V.: *Educar para una sociedad sin modelos.*

REYZÁBAL, Mª V. y TENORIO, P.: *El aprendizaje significativo de la literatura* (4ª ed.).

REYZÁBAL, Mª V. y QUEROL, J. M.: *La mirada del otro.*

REYZÁBAL, Mª V. y SANZ, A. I.: *Resiliencia y acoso escolar.*

RIÁDIGOS MOSQUERA, C.: *Justicia social y educación democrática. Un camino compartido.*

ROA GARCÍA, A. y CALDERÓN MACHUCA, C.: *Altas capacidades. Educando para el éxito.*

RODRÍGUEZ CORTÉS, F.: *El desarrollo de las competencias básicas con aplicaciones web 2.0.*

RODRÍGUEZ GÓMEZ, D.: *Gestión del conocimiento: una estrategia para la mejora de las organizaciones educativas.*

RODRÍGUEZ ROJO, M.: *Hacia una didáctica crítica.*

ROJO, I. y SANTAMARÍA, G.: *Qué estudios elegir y dónde cursarlos. Guía del estudiante.*

ROSA MORENO, LOURDES DE LA: *La Historia de Vida de Ángel.*

ROSS EPP, J., y WATKINSON, A. M. (coords.): *La violencia en el sistema educativo* (2ª ed.).

SÁEZ BREZMES, Mª J. (coord.): *La cultura científica, un reto educativo.*

SÁNCHEZ-SANTAMARÍA, J. y MANZANARES MOYA, A.: *Equidad y orientación en la Educación Secundaria.*

SANTAMARÍA, G. y ROJO, I.: *Lo que hay que saber sobre la LOGSE* (2ª ed.).

SANTOS, MIGUEL ÁNGEL: *Trampas en educación.*

SOLER FIÉRREZ, E.: *La visita de inspección* (3ª ed.).

SOLER FIÉRREZ, E. (coord.): *Fundamentos de supervisión educativa.*

SORIANO, E. (coord.): *Identidad cultural y ciudadanía intercultural. Su contexto educativo.*

SORIANO, E. (coord.): *Interculturalidad: fundamentos, programas y evaluación.*

SORIANO, E. (coord.): *Diversidad étnica y cultural en las aulas.*

SORIANO, E. (coord.): *La práctica educativa intercultural.*
SORIANO, E. (coord.): *La interculturalidad como factor de calidad educativa* (2ª ed.).
SORIANO, E. (coord.): *La mujer en la perspectiva intercultural.*
SORIANO, E. (coord.): *Educación para la convivencia intercultural.*
SORIANO, E. (coord.): *Educar para la ciudadanía intercultural y democrática.*
SORIANO, E. (coord.): *Vivir entre culturas. Una nueva sociedad.*
SORIANO, E. (ed.): *El valor de la educación en un mundo globalizado.*
SORIANO, E. (ed.): *Interculturalidad y Neocomunicación.*
SORIANO, E. *et al.* (eds.): *Educación y convivencia en sociedades transculturales.*
SORIANO, E. y CALA, V. C.: *Fotovoz: un método de investigación en ciencias sociales y de la salud.*
SUSINOS RADA, T., CEBALLOS LÓPEZ, N. y SAIZ LINARES, A. (eds.): *Cuando todos cuentan. Experiencias de participación de estudiantes en las escuelas.*
THOMAS, G. y LOXLEY, A.: *Deconstrucción de la educación especial y construcción de la inclusiva.*
TORRES VIZCAYA, M.: *La inspección educativa. Una mirada desde la experiencia.*
TORRES VIZCAYA, M.: *Deontología de la inspección educativa.*
TORRES VIZCAYA, M.: *La banalización de la educación. Una fenomenología del gatopardismo educativo.*
VALDIVIA RUIZ, F. (coord.): *Estilos de aprendizaje. Aplicaciones Prácticas.*
VALIENTE BARDERAS, S.: *Didáctica de la matemática. El libro de los recursos.*
VLACHOU, A. D.: *Caminos hacia una educación inclusiva* (2ª ed.).
WALFORD, A. D. (coord.): *La otra cara de la investigación educativa.*
ZAY, D. (coord.): *Profesores y agentes sociales en la escuela.*

Colección Aula Abierta. Serie *Historia de la Educación*
Dirección: Mª ANTONIA CASANOVA

Títulos publicados:

CASANOVA, M. A.: *Pedagogía y Didáctica en la lingüística española de los siglos XVI y XVII* (2ª ed.).
MENOR CURRÁS, M. y ROGERO ANAYA, J.: *La formación del profesorado escolar: peones o profesionales (1970-2015).*
MONTERO ALCAIDE, A.: *Veedores de ciencia y conciencia. Orígenes y constitución de la Inspección de Educación.*
NADAL MASEGOSA, A.: *La Escuela Moderna. Análisis histórico.*
SOLER FIÉRREZ, E.: *¿Qué es la educación?*